ANNA PROCHOTTA
FRANK SOMMERKAMP
ELGIN ERKAL
BARMBEKBUCH

MIT DULSBERG UND EILBEK

JUNIUS

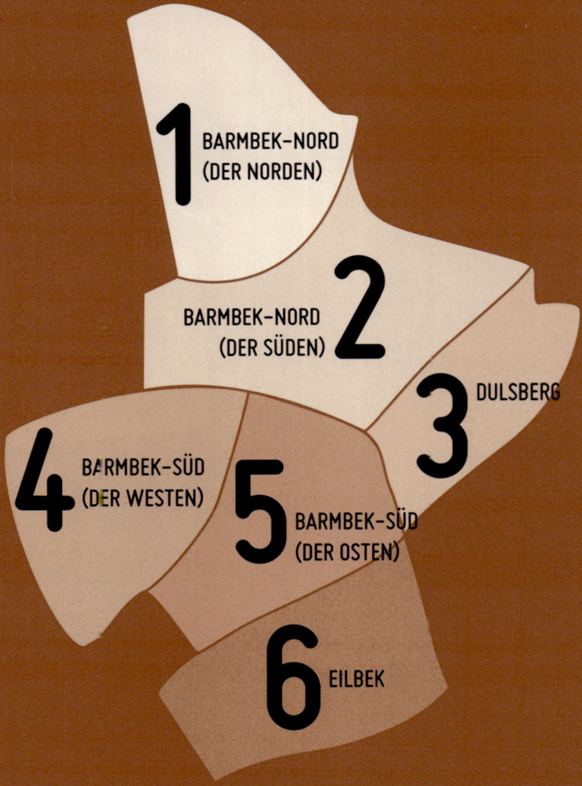

1 BARMBEK-NORD (DER NORDEN)

2 BARMBEK-NORD (DER SÜDEN)

3 DULSBERG

4 BARMBEK-SÜD (DER WESTEN)

5 BARMBEK-SÜD (DER OSTEN)

6 EILBEK

INHALT

Einleitung 4
Chronik 8
Barmbek-Nord (Der Norden) 12
Barmbeker Traditionsvereine
und ein Weltmeister 25
Adressen Tour 1 40
Barmbek-Nord (Der Süden) 42
Zweimal Kindheit in Barmbek 48
Bunker in Barmbek 68
Adressen Tour 2 74
Dulsberg 76
Bombenkrieg in Hamburg 91
Adressen Tour 3 102
Leute aus Barmbek, Eilbek u. Dulsberg 104
Barmbek-Süd (Der Westen) 112
Barmbek Basch 114
Adressen Tour 4 142
Barmbek-Süd (Der Osten) 144
Rotes Barmbek 148
Adressen Tour 5 172
Eilbek 174
Die „Primus"-Katastrophe 199
Adressen Tour 6 206
Literatur 210
Bildnachweis 213
Über die Autoren 214

EINLEITUNG

„Barmbek basch"! Geprägt in Anspielung auf die als derb geltenden Umgangsformen seiner Bewohner, wohl aber auch im Respekt vor ihrer Stärke, bringt diese Bezeichnung schon lautmalerisch eine gewisse Schroffheit zum Ausdruck. Fällt der Begriff „Arbeiterstadtteil", so denkt vermutlich ein Großteil der Hamburger umgehend an Barmbek. Der Stadtteil hatte viele Jahre den Ruf als Wohngebiet des „kleinen Mannes". Hier fanden sich keine gründerzeitlichen Altbauten, keine prachtvollen Alleen oder weitläufigen Landschaftsgärten. Der Stadtteil galt als „rot", zum einen wegen seiner Bewohner, die in ihrer Mehrheit dem politisch linken Lager nahestanden, zum anderen durch die zahlreichen Rotklinker-Bauten, die das Viertel bis heute prägen. Die Luftangriffe auf Hamburg im Sommer 1943 trafen Barmbek so schwer wie wenige andere Viertel Hamburgs: Mehr als 85 Prozent aller Häuser wurden zerstört, und durch Tod oder Flucht reduzierte sich die Zahl der Einwohner von einer Viertelmillion auf unter 20 000. Barmbek war in weiten Teilen zu einem Trümmerfeld geworden, ähnlich wie Eilbek oder Wandsbek. Nur in manchen innenstadtnäheren Quartieren – etwa in Hammerbrook und Rothenburgsort – war die Zerstörung noch größer. So vermischen sich in Barmbek die verbliebenen Backstein-Wohnblöcke der wohnreformerischen Schumacher-Ära der 1920er Jahre mit den vielen Bauten der Nachkriegszeit. Und weil Hamburg heute wieder wächst und somit die Bautätigkeit – auch in Barmbek – wieder zunimmt, ergibt sich mancherorts ein wilder Architekturmix.

Ursprünglich war Barmbek ein Bauerndorf vor den Toren der Hansestadt. Seit 1355 befand es sich im Besitz des Hospitals zum Heiligen Geist

EINLEITUNG

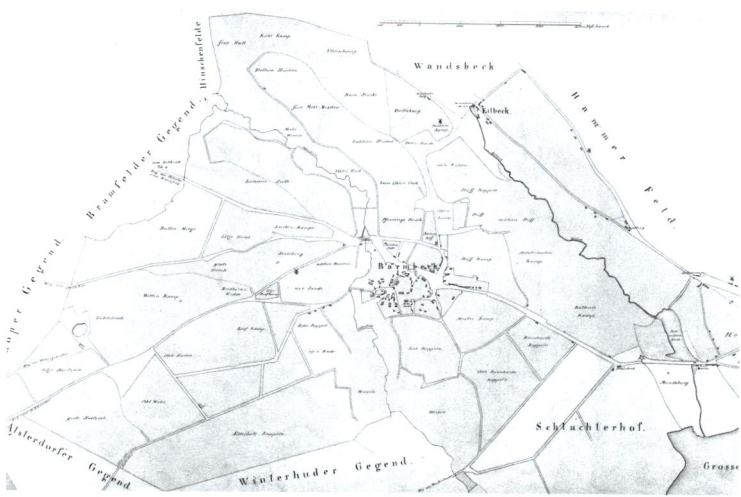

KARTE DES DORFES BARMBEK, 1824

und entwickelte sich später zum größten Dorf im Hamburger Umland: Zwölf große Bauernhöfe und vier Katstellen, die sich um einen zentralen Dorfplatz gruppierten, bildeten am Beginn des 16. Jahrhunderts die Struktur des Ortes. Vom Hamburger Stadttor bis zum Barmbeker Dorfplatz war man zu Fuß immerhin eine Stunde unterwegs. Seit 1841/42 verkehrte dann ein Pferdeomnibus zwischen Barmbek und Hamburg. Erst zu Beginn des 20. Jahrhunderts wurde nördlich der Osterbek ein Bahnhof errichtet, der die Anbindung Barmbeks erheblich verbesserte, insbesondere seit hier ab 1912 die Hamburger Hochbahn Halt machte. Die Entwicklung zum Arbeiterstadtteil begann jedoch bereits mit der Industrialisierung ab der Mitte des 19. Jahrhunderts, als große Industriebetriebe sich die Lage Barmbeks außerhalb der Zollgrenze zunutze machten. Zuvor hatten schon erste Bauern Teile ihrer Ländereien verkauft, auch, um dort die Ansiedlung von Gewerbe zu ermöglichen.

EINLEITUNG

BARMBEKER MARKT MIT U-BAHN, BLICK ZUR ECKE STEILSHOOPER STRASSE, 1913

Für diese gesamte Zeitspanne wäre es allerdings richtiger, von „Barmbeck" zu sprechen, denn das „c" in seinem Namen verlor Barmbek – wie auch Eilbek – erst nach dem Zweiten Weltkrieg (1946). Bis dahin hatten viele Hamburger Quartiere einen beispiellosen Bevölkerungszuwachs erlebt, der nicht nur durch den Arbeitskräftebedarf der Industrie bedingt war. Denn nachdem günstiger Wohnraum in Hamburg unter anderem durch den Abriss großer Teile der innerstädtischen Gängeviertel und den Bau der Speicherstadt rar geworden war, sahen sich viele wirtschaftlich schwächer gestellte Hamburger gezwungen, in umliegende Viertel zu ziehen. Damit war vielfach der Weg zum bevölkerungsstarken, aber wirtschaftlich schwachen Proletarier-Quartier geebnet: In den Jahren vor dem Ersten Weltkrieg hatte Barmbek erstmals über 100 000 Einwohner. Zu Hamburger Stadtteilen wurden Barmbek und Eilbek Ende des 19. Jahrhunderts – das flächenmäßig kleine Dulsberg gehörte bis 1951 zu Barmbek.

EINLEITUNG

In jenem Jahr wurde das Viertel auch untergliedert in Barmbek-Süd und Barmbek-Nord.

Und heute? Barmbek ist wieder im Wandel. Während Firmen und Fabriken zunehmend aus dem Stadtbild verschwunden sind, entwickelt sich Barmbek immer mehr zu einem familienfreundlichen und teils sehr hochpreisigen Stadtteil. Dazu trägt vor allem der Um- und Neubau ganzer Wohnquartiere bei, was in ähnlicher, wenngleich abgeschwächter Form auch für die angrenzenden Viertel Eilbek und Dulsberg gilt.

Während in Dulsberg das Gebiet rund um die namengebende kleine Anhöhe lange dem großen Dorf Barmbek als Ackerland diente, hat das ehemals winzige Eilbek ebenfalls eine lange Entwicklungsgeschichte mit zahlreichen Veränderungen erlebt. Das Wohngebiet Dulsberg wurde in den 1920er Jahren quasi auf dem Reißbrett geplant. Eilbek hingegen entwickelte sich insbesondere im Verlauf des 19. Jahrhunderts zu einem dicht besiedelten Hamburger Vorort mit einigen Arbeiter-, aber auch bürgerlichen Quartieren.

Dieses Buch führt auf sechs Rundgängen durch Barmbek-Süd, Barmbek-Nord, Dulsberg und Eilbek. Zwei Rundgänge widmen sich Barmbek-Süd und seiner wechselvollen Geschichte, die hier mit dem früheren Dorf Bernebeke beginnt. Zwei weitere Rundgänge führen durch Barmbek-Nord, das vor allem durch die unter Oberbaudirektor Fritz Schumacher entstandene Wohnbebauung geprägt ist. Das gilt auch für Dulsberg, das mit Tour 3 erschlossen wird. Die wechselhafte Geschichte Eilbeks lässt sich auf Tour 6 nachvollziehen.

Im Anschluss an jeden Rundgang finden sich Tipps zu Gastronomie, Gewerbe, sozialen und kulturellen Einrichtungen im entsprechenden Gebiet. Einige Themen, die die hier behandelten Stadtteile in besonderem Maße betreffen, werden in Exkursen vertieft. Ergänzt wird das Buch durch eine Chronik und eine Rubrik, in der Menschen porträtiert werden, die aus Barmbek, Dulsberg und Eilbek stammen oder mit diesen Vierteln auf besondere Weise verbunden sind. Am Ende des Buchs lädt eine Auswahlbibliografie zur vertiefenden Lektüre ein.

CHRONIK

1247	Eilbek wird erstmals in einer Urkunde (als „Ylenbeke") erwähnt.
1271	Das Dorf Bernebeke wird erstmals urkundlich erwähnt.
1355	Das Hamburger Hospital zum Heiligen Geist kauft das Dorf dem Grafen von Holstein ab.
1365	Das Heiligengeisthospital erwirbt den Dulsberg.
1528	Im Zuge der Reformation geht der Besitz des Hospitals zum Heiligen Geist und somit auch Barmbek und Eilbek in die Verwaltung der Hamburger Oberalten über.
1629	Barmbek wird dem neu gegründeten Kirchspiel St. Georg zugeführt.
1686	Im Zuge der dänischen Belagerung Hamburgs wird an der Dehnhaide ein Heerlager errichtet.
1800	Der Friedrichsberg wird erstmals besiedelt.
1811–1814	Im Zuge der Napoleonischen Kriege wird Hamburg durch französische Truppen belagert, das Niederbrennen Barmbeks kann im letzten Moment verhindert werden.
1826	In Barmbek wird eine Sonntagsschule eingerichtet.
1830	Die Oberhoheit der Oberalten über Barmbek ist beendet und geht an die Stadt Hamburg über; Eilbek wird Teil der Vogtei Barmbek.
1841/42	Ein Omnibus verbindet Barmbek mit Hamburg.
1842	Der Große Brand zerstört weite Teile der Hamburger Innen-

CHRONIK

	stadt, die folgende Wohnungsnot führt zum Anstieg der Einwohnerzahlen u.a. in Barmbek und Eilbek.
1854	Die Eilbek wird kanalisiert.
1856	Eilbek wird eine eigene Vogtei.
1859	Gründung des Barmbeker Bürgervereins
1860/61	Aufhebung der Hamburger Torsperre in der Silvesternacht
1861	Die Heil- und Pflegeanstalt Friedrichsberg wird gebaut.
1862	Einweihung des Schützenhofs; Barmbek erhält Straßennamen.
1863	Gaslaternen beleuchten erstmals Barmbeks Straßen.
1863–1914	Ausbau der Osterbek zum Osterbekkanal
1867	Die Pferdebahn zwischen Barmbek und Hamburg nimmt ihren Betrieb auf.
1868	Die Osterbek bildet die Zollgrenze Hamburgs.
1871	Barmbek ist nun ein Vorort Hamburgs.
1873	Inbetriebnahme der „New-York Hamburger Gummi-Waaren-Compagnie".
1874	Eilbek wird Vorort Hamburgs.
1880	Am 13. Mai wird der bis heute bestehende „Eilbecker Turnerbund" gegründet.
1888	Zollanschluss Hamburgs und Aufhebung des Barmbeker Zolls. Einweihung der Hamburger Speicherstadt: Der Bau erhöht den Zuzug nach Barmbek drastisch.
1892	Cholera-Epidemie in Hamburg. Der erste Todesfall ereignet sich auf der Uhlenhorst, direkt an der Grenze zu Barmbek.
1894	Barmbek und Eilbek werden Stadtteile von Hamburg.
1895	In Barmbek verkehrt eine elektrische Straßenbahn.
1900	Die katholische St.-Sophien-Kirche wird geweiht.
1902	Untergang des Raddampfers „Primus": 101 Mitglieder eines Eilbeker Gesangsvereins sterben dabei.
1903	Weihung der Heiligengeistkirche
1903/04	Eröffnung des Schleidenparks – noch vor dem Stadtpark –

CHRONIK

	als erste öffentliche Grünanlage Barmbeks und in einem Arbeiter-Stadtteil Hamburgs überhaupt
1903	Als Hamburgs erstes großes Warenhaus moderner Prägung wird das Kaufhaus der Gebrüder Heilbuth an der Hamburger Straße eröffnet.
1906	Die Vorortbahn nimmt ihren Betrieb auf und fährt bis Blankenese und Ohlsdorf.
1909	Eröffnung des Bartholomäus-Bades in Barmbek
1909	Gründung des „Sportclubs Paloma" (später USC Paloma)
15.2.1912	Eröffnungsfahrt der Hamburger Hochbahn auf der Ringlinie (die heutige U 3). In Barmbek fährt diese drei Haltestellen an.
1913	Eröffnung des Krankenhauses Barmbek und Inbetriebnahme des Bahnhofs Rübenkamp
1919	Zweiter Bebauungsplan Dulsberg
1920	Einweihung der Synagoge „Schewes Achim" in der Gluckstraße. Sie bleibt bis zur Schließung 1938/39 und bis heute die einzige Synagoge Barmbeks.
1923	„Hamburger Aufstand" der Kommunisten in Barmbek-Süd
1923	Gründung des Hamburger Sportvereins Barmbek-Uhlenhorst e.V.
1926/27	In der Straße Heidhörn entsteht nach Entwürfen von Paul A.R. Frank das erste Laubenganghaus Deutschlands.
1927/28	An der Hamburger Straße eröffnet das Kaufhaus Karstadt. Mit seinem 49 Meter hohen beleuchteten Turm ist es lange Zeit der höchste nicht-sakrale Bau Hamburgs.
1929	Einweihung der Bugenhagenkirche
1931	Das UFA Mundsburg wird eröffnet: Direkt neben dem U-Bahnhof Mundsburg nimmt das zweitgrößte Kino Hamburgs (1550 Sitzplätze) den Spielbetrieb auf. Heute beheimatet das Gebäude mit dem Ernst Deutsch Theater die größte private Bühne Deutschlands.

CHRONIK

1931	Gründung des SC Urania
1934	Der Eilbeker Jacobi-Friedhof wird geschlossen.
1935	Posthum wird ein bis heute gültiges Grundlagenwerk der Erziehungswissenschaft veröffentlicht: „Der Lebensraum des Großstadtkindes" von Martha Muchow. Sie beging 1933 aufgrund der NS-Repressalien Selbstmord. Zuvor hat sie mehrere Jahre empirische Erhebungen in Barmbek getätigt, die als Quelle für ihr Standardwerk dienten.
1939	Gründung des Barmbeker Sportvereins
1939	Der Betrieb der Alsterdampfer nach Eilbek wird eingestellt.
SOMMER 1943	Schwere Luftangriffe der Alliierten zerstören weite Teile des Stadtteils.
1946	Barmbeck und Eilbeck verlieren offiziell das „c" im Namen; Eilbek gehört nun zum Bezirk Wandsbek.
1951	Dulsberg wird ein eigenständiger Stadtteil, die Stadtteile Barmbek und Uhlenhorst tauschen kleinere Gebiete aus, die Stadtteilgrenzen werden neu gezogen.
1954	Die „New-York Hamburger Gummi-Waaren-Compagnie" schließt ihren Standort in Barmbek und zieht nach Harburg.
1964	Entstehung des „Hauses der Jugend" am Flachsland
1965	Die Straßenbahn verkehrt im Mai ein letztes Mal.
1971	Eröffnung des „Ring 2"
1989	Eröffnung des Olympiastützpunkts Hamburg/Schleswig-Holstein in Dulsberg
1990	Das Museum der Arbeit wird ein selbständiges Museum. 1997 eröffnet die Dauerausstellung.
1997–2000	Bohrung der vierten Elbtunnelröhre mithilfe der TRUDE
2005	Eröffnung Asklepios Klinik Barmbek
2006–2014	Entstehung des Quartiers 21

BARMBEK-NORD (DER NORDEN) 1

Bahnhof Rübenkamp ∗ AK Barmbek/Quartier 21 ∗ Bürgerhaus am Hartzlohplatz ∗ Schule Langenfort ∗ Karl-Schneider-Block ∗ Habichtsplatz ∗ Schwalbenhof ∗ Laubenganghaus Heidhörn ∗ Hellbrookstraße/Ecke Fuhlsbüttler Straße ∗ Hellbrookstraße

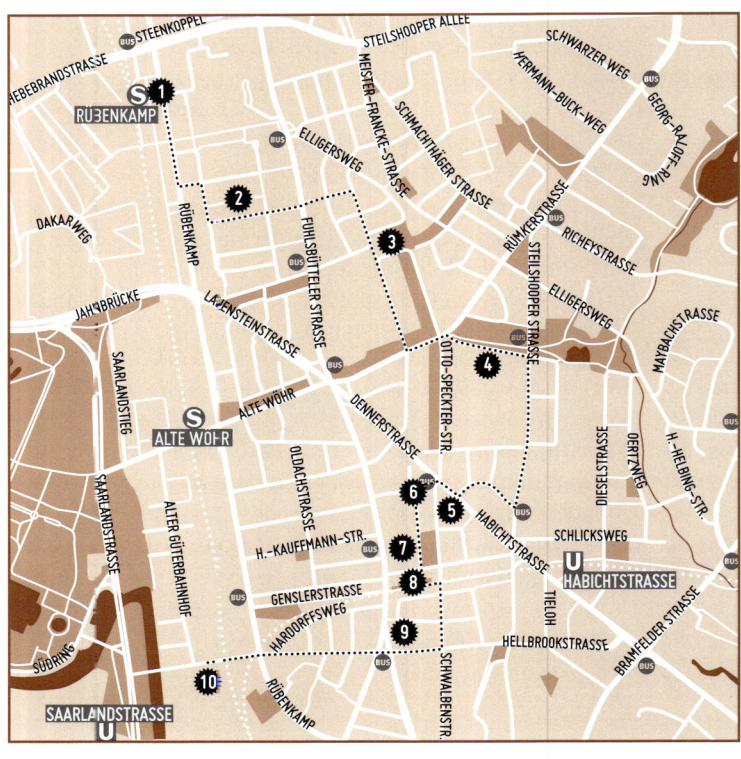

BARMBEK-NORD (DER NORDEN)

STARTPUNKT: S-Bahn-Station Rübenkamp (S 1, S 11)
ENDPUNKTE: U-Bahn-Station Saarlandstraße (U 3)
DAUER: etwa zwei Stunden

Dieser Rundgang führt uns ausgehend von der Straße Rübenkamp durch Barmbek-Nord. Das Gebiet, das wir auf unserem Weg erkunden, ist baulich größtenteils erst im 20. Jahrhundert erschlossen worden. Besonders charakteristisch für diesen Rundgang sind die Siedlungen der 1920er Jahre, die herausragende Beispiele für den Siedlungsbau jener Zeit darstellen – damals wurden vermehrt Kleinwohnungen in Großsiedlungen errichtet. Ganze Stadtteile entstanden um den Kern der alten Stadt Hamburg herum, die sich, mit einem anschaulichen Bild des Oberbaudirektors Fritz Schumacher, wie ein „Gürtel um Hamburgs alten Leib" legten.

Schon Ende des 19. Jahrhunderts hatte es Pläne gegeben, den Stadtteil für industrielle Nutzungen und zugleich als Wohngebiet zu erschließen. Was bei diesen ersten Entwürfen allerdings fehlte, waren Grünflächen zwischen den massiven, sich weit erstreckenden Bauten. Nach mehrfacher Überarbeitung dieser Konzepte trat zu Beginn des 20. Jahrhunderts Schumacher mit seinen reformerischen Ideen auf den Plan. Für die Bebauung Barmbek-Nords spielte er die entscheidende Rolle und wird uns deshalb immer wieder begegnen. Hauptthema der Tour ist das Wohnen und Leben der Arbeiter und Angestellten in der ersten Hälfte des 20. Jahrhunderts.

Wir beginnen unseren Rundgang beim ehemaligen Bahnhofsgebäude der Station Rübenkamp. Wer mit der S-Bahn ankommt, verlässt den Bahnhof über den Ausgang in Richtung Rübenkamp. Treppauf erwartet uns ein altes Backsteingebäude, das heute ein Café beherbergt.

 BAHNHOF RÜBENKAMP

Schon seit 1909 hatte man sich an dieser Stelle mit dem Bau einer Station der Stadt- und Vorortbahn beschäftigt. 1913 konnte der von dem Archi-

BARMBEK-NORD (DER NORDEN)

tekten Ernst Schmidt erbaute Bahnhof schließlich in Betrieb genommen werden. Die Haltestelle hatte eine besondere Bedeutung, da im selben Jahr auch das Krankenhaus Barmbek eröffnet wurde (vgl. Station 2). Patienten, Besuchern und Personal wurde nun ein unkomplizierter und schneller Weg ins Krankenhaus ermöglicht. Aber auch wenn der Bau des Bahnhofs mit seinem repräsentativen Gebäude und der Schalterhalle eine wesentliche Erleichterung des Wegs zum Krankenhaus bedeutete, kam es in den Folgejahren doch immer wieder zu Streitigkeiten über einen noch komfortableren Zugang zum Krankenhausgelände. Ein weiterer, südlich liegender Ausgang sollte die Wegstrecke verkürzen, bedeutete allerdings auch zusätzliche Kosten. So war er zunächst lediglich zu den Besuchszeiten des Krankenhauses geöffnet. Als mit dem Ersten Weltkrieg vermehrt verwundete Soldaten ins Krankenhaus Barmbek kamen, beantragte das Kollegium schließlich eine ganztägige Öffnung des südlichen Zugangs. Dem Antrag wurde allerdings nicht Folge geleistet, was Bevölkerung und Presse empörte. Das „Hamburger Echo" etwa schrieb im März 1919: „Zum Betrieb des jetzt geschlossenen Ausganges wären zwei Billeteure erforderlich. Es ist das ein Dienst, den jeder Arbeitslose leicht leisten kann; aber der Staat zahlt anscheinend lieber das Geld als Arbeitslosenunterstützung, als dass er durch weitere Beschäftigung der beiden Angestellten den Ansprüchen des Verkehrs entgegenkommen würde." In diversen Zeitungsartikeln wurde der Eisenbahndirektion „soziale Rücksichtslosigkeit" vorgeworfen. Wenn sich die Diskussionen auch noch länger hinzogen, scheint sich der Einsatz doch letztlich gelohnt zu haben. Denn bis heute verfügt die Haltestelle Rübenkamp über zwei Zugänge in Richtung Krankenhaus.

In den 1980er Jahren war das Bahnhofsgebäude überflüssig geworden. Fahrkarten wurden nun nicht mehr am Schalter gekauft, sondern am Automaten. Das alte Stationsgebäude wurde zunehmend baufällig und war dringend sanierungsbedürftig. 1984 gründete sich der Verein „Unser Bahnhof e.V." und nahm sich des Bauwerks an. Er kaufte das Gebäude von der deutschen Bundesbahn und begann umgehend mit der originalgetreuen Sanierung. Ziel war die Umnutzung zu einem lokalen Kommunika-

BARMBEK-NORD (DER NORDEN)

tionszentrum im Stadtteil. Der ehemalige Bahnhof Rübenkamp (Abb. 1) beherbergt heute im Erdgeschoss das Restaurant „Schachcafé". Seinen Gästen bietet es neben Speisen und Getränken die Möglichkeit, sich in zahlreichen Brettspielen zu versuchen. Der Bereich im Obergeschoss, wo sich einst die Räumlichkeiten des Bahnpersonals befanden, steht für Kultur- und Bildungsveranstaltungen zur Verfügung. Beim Betreten des Gebäudes ist der Charme des alten Bahnhofs bis heute spürbar. Seit 1987 steht das Haus unter Denkmalschutz.

1 ALTER BAHNHOF RÜBENKAMP

Wir gehen nun vor bis zur Straße Rübenkamp, überqueren diese und halten uns rechts. Auf dem Weg kommen wir am Neubau des Barmbeker Krankenhauses vorbei – die Asklepios Klinik Barmbek wurde 2005 eröffnet. Bei unserer nächsten Station beschäftigen wir uns jedoch mit dem alten Barmbeker Krankenhaus und seinen historischen Gebäuden. Vom Rübenkamp biegen wir links in den Wilhelm-Drexelius-Weg und von hier rechts in den Andreas-Knack-Ring ein und befinden uns nach wenigen Metern mitten auf dem ehemaligen Krankenhaus-Gelände.

2 AK BARMBEK / QUARTIER 21

Nein, operiert wird hier heute nicht mehr. Zwischen 2006 und 2014 entstand an dieser Stelle das Wohnprojekt „Quartier 21". Das Gelände ist geprägt von solitären backsteinernen Altbauten, die sich mit einigen mehrstöckigen Neubauten zu einer interessanten architektonischen Mischung verbinden. Um uns vorzustellen, wie es hier nach der Erstbebauung ausgesehen hat, müssen wir uns gut hundert Jahre zurückversetzen.

BARMBEK-NORD (DER NORDEN)

2 KRANKENHAUS-PAVILLONS BARMBEK, 1918

Im September 1910 war der erste Spatenstich zur Errichtung des dritten Allgemeinen Krankenhauses in Hamburg getan. Zwar waren mit den Krankenhäusern in St. Georg und in Eppendorf schon große Komplexe für die gesundheitliche Versorgung der Bevölkerung geschaffen worden, aber das schnelle Wachstum der Großstadt machte ein weiteres Krankenhaus nötig. Für die Lage entschied man sich nicht nur, weil die Stadt hier ohnehin schon über einige unbebaute Grundstücke verfügte. Auch die Ausdehnung Hamburgs in Richtung Osten und mit ihr eine wachsende Bevölkerung und Arbeiterschaft im Stadtteil spielten bei der Auswahl des Geländes eine Rolle.

1913 konnte ein Teil des Krankenhauses in Betrieb genommen werden, bis 1914 wurde der übrige Teil fertiggestellt. Insgesamt waren 10,7 Millionen Mark in den Bau geflossen. Wie schon das Eppendorfer Krankenhaus wurde auch das Barmbeker Krankenhaus in Pavillon-Bauweise erstellt (Abb. 2+3). In sogenannten Infektions-Pavillons wurden jene Patienten untergebracht, die an einer hochansteckenden Krankheit litten. Daneben gab es die Pavillons für den normalen Krankenhausbetrieb, in denen sich

BARMBEK-NORD (DER NORDEN)

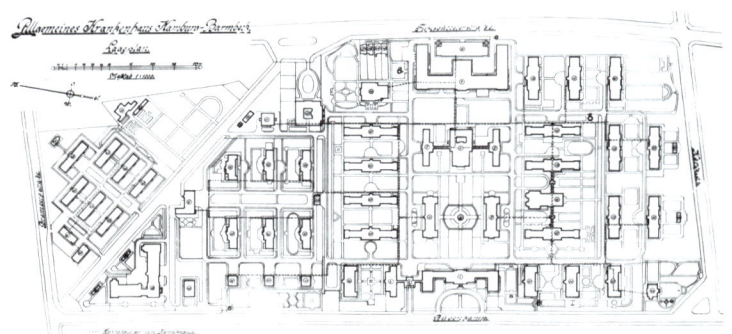

3 AK BARMBEK LAGEPLAN, UM 1939

Krankensäle mit Platz für bis zu 18 Betten befanden (Abb. 4). Umgeben waren die Pavillons von gartenartigen Anlagen. Licht und Luft sollten zur raschen Genesung der Patienten beitragen, zu diesem Zweck waren die Pavillonbauten auch mit Liegehallen und Veranden an der Außenseite ausgestattet. Die medizinischen Abteilungen waren auf die verschiedenen Pavillons verteilt. Es gab sogar einen Bereich für Frauen mit Geschlechtskrankheiten. In aller Regel kamen hier Prostituierte unter, die bis dahin im Polizeikrankenhaus in St. Georg behandelt worden waren.

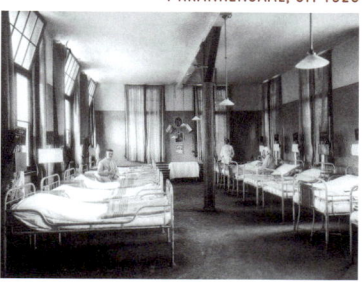

4 KRANKENSAAL, UM 1920

Der Nationalsozialismus machte auch vor dem Krankenhausbetrieb in Barmbek nicht Halt. Schon im April 1933 wurden im Zuge des „Gesetzes zur Wiederherstellung des Berufsbeamtentums" zwölf jüdische Ärzte umgehend entlassen.

BARMBEK-NORD (DER NORDEN)

5 EHEMALIGER WASSERTURM IM QUARTIER 21

Auch der Krankenhausdirektor, Professor Andreas Valentin Knack, musste als Sozialdemokrat seinen Posten räumen. In die Verbrechen der NS-Zeit war das Krankenhaus verstrickt, indem es zu einer Stelle für Sterilisierungen im Sinne des „Gesetzes zur Verhütung erbkranken Nachwuchses" wurde. So weist eine Festschrift von 1938 auf die „Erbgesundheitspflege" im Krankenhaus hin. Dahinter verbargen sich die meist zwangsweise durchgeführten Sterilisationen an tatsächlich oder angeblich behinderten Menschen oder Alkoholikern.

Während der beiden Weltkriege diente das Krankenhaus teilweise als Reserve-Lazarett. Im Zweiten Weltkrieg wurde auf dem Gelände ein sechsstöckiger Operationsbunker nahe der Fuhlsbüttler Straße errichtet, der ab 1943 auch als Luftschutzbunker für bis zu 450 Personen aus dem Stadtteil zur Verfügung stand. Erst 2007 brach man den Bunker im Zuge der Umgestaltung des Geländes zum „Quartier 21" ab.

Nach Kriegsende wurde das Krankenhaus von den Alliierten eingenommen, die hier ein Hospital für britische Armeeangehörige einrichteten. Das AK Barmbek wurde während dieser Zeit nach Wandsbek ausquartiert. Seit Mitte der 1950er Jahre stand das Krankenhaus wieder unter deutscher Verwaltung.

BARMBEK-NORD (DER NORDEN)

6 AUS DEN EHEMALIGEN KRANKHAUSBAUTEN WURDEN WOHNHÄUSER

SA-Uniformen aus der Nazizeit konnte man hier noch einmal zu Beginn der 1980er Jahre sehen. Glücklicherweise wurden sie lediglich von Schauspielern als Kostüme getragen. Denn 1981 wurde in einem Gebäude des Komplexes die Verfilmung von Lion Feuchtwangers Roman „Die Geschwister Oppermann" gedreht. 1983 lief der Film, in dem unter anderem Peter Fitz und Michael Degen mitwirkten, als Zweiteiler im deutschen Fernsehen.

Auf dem Gelände weithin sichtbar ist der 1912 errichtete Wasserturm. Bis 2005 war das 48 Meter hohe Bauwerk in Betrieb. Heute befindet sich hier ein Fitness-Studio mit Spa-Bereich (Abb. 5). Dies ist zugleich Ausdruck für die Umgestaltung des Geländes zum Quartier 21 seit Mitte der 2000er Jahre. Den Namen erhielt die neue Siedlung, weil 21 der ursprünglichen Gebäude erhalten werden konnten. Aber natürlich steht er auch für modernes Wohnen im 21. Jahrhundert. Als ein Krankenhaus-Neubau auf dem Areal beschlossen wurde, stellte sich schnell heraus, dass dafür lediglich ein Viertel der vorhandenen Gesamtfläche benötigt werden würde, und so beschloss man, die Anlage zu einer Mischung aus Wohnen und Arbeiten umzufunktionieren. Als Investoren engagierten sich Hochtief und Hamburg Team. Heute befinden sich hier Wohnungen in 21 erhaltenen

BARMBEK-NORD (DER NORDEN)

Krankenhausbauten (Abb. 6), daneben sind 16 Neubauten entstanden, an deren Gestaltung zwölf Architekturbüros beteiligt waren. Aufgrund mangelnder Parkmöglichkeiten wurden unter dem Gelände fünf Tiefgaragen für die Anwohner geschaffen. Mit dem Quartier 21 ist eine Art Stadtteil im Stadtteil entstanden. Die Mieten und Kaufpreise liegen hier deutlich höher als im Barmbeker Durchschnitt. Kein Wunder, dass die unvermeidlichen Tendenzen zur Gentrifzierung nicht allen Bewohnern des Stadtteils gefallen.

Wir verlassen das Gelände nun in Richtung Fuhlsbüttler Straße. Umrundet man das Gebäude mit dem Wasserturm linker Hand, so führt der Weg an einem der beiden Brunnenhäuser vorbei, die einst den Wasserturm mit Grundwasser versorgten. An der Fuhlsbüttler Straße angekommen, überqueren wir diese und gehen auf der gegenüberliegenden Seite direkt neben einem Supermarkt in den Stöttrupweg. Hier befinden wir uns im typischen Barmbek-Nord der 1920er Jahre. Wir biegen nun rechts in die Lorichsstraße ein. Entlang unseres Wegs erstreckt sich ein Wohnblock bis hin zum Hartzlohplatz, den der Architekt Eugen Fink 1927/28 erbaute. An einem frei stehenden Backsteingebäude am westlichen Ende des Hartzlohplatzes machen wir Halt.

3 BÜRGERHAUS AM HARTZLOHPLATZ

Das Gebäude, vor dem wir nun stehen, beherbergt heute das Bürgerhaus Barmbek-Nord. Eine Stadtteil-Initiative hatte die Einrichtung in den 1980er Jahren ins Leben gerufen. Das Bürgerhaus ist Treffpunkt für die Bewohner Barmbeks (Abb. 7). Es verfügt über ein einladendes Café (Öffnungszeiten: Mo bis Do 15 bis 23 Uhr, Fr, Sa, So eine Stunde vor Veranstaltungsbeginn) und weitere Räumlichkeiten für kulturelle Veranstaltungen, Projekte und Aktionen, die sich mit Angelegenheiten des Stadtteils befassen.

Bis 1983 erfüllte das Haus allerdings eine ganz andere Funktion. Es war Standort des Polizeireviers 46. Im Auftrag der Stadt Hamburg wurde

BARMBEK-NORD (DER NORDEN)

7 BÜRGERHAUS BARMBEK-NORD

die Wache 1929/30 erbaut. Im Obergeschoss befand sich eine 4-Zimmer-Dienstwohnung mit einem gesonderten Eingang, im Erdgeschoss hatte die Polizei ihre Diensträume. Im Keller waren neben Lagerräumen drei Zellen untergebracht, in denen Straftäter zumindest für kurze Zeit gefangen gehalten werden konnten. In Anlehnung an die umliegende Bebauung ist auch die ehemalige Polizeiwache mit Klinkern eingefasst und hat ein Flachdach. Das Gebäude steht seit 1985 unter Denkmalschutz und ist weitgehend im Original erhalten. 2013/14 wurde das Gebäude um einen modernen Anbau mit großzügigem Veranstaltungssaal erweitert (KBNK Architekten).

Seit 1928 war die Polizeiwache geplant worden, nachdem in den Jahren zuvor in Barmbek-Nord ein neues Wohnquartier entstanden war – wo viele Menschen wohnten, mussten auch Recht und Ordnung herrschen. Der Entwurf für den rechteckigen Bau stammt, wie so viele Bauten in

BARMBEK-NORD (DER NORDEN)

8 KIRCHE ST GABRIEL

Barmbek, von Fritz Schumacher. Seit 1909 war der ursprünglich aus Bremen stammende Architekt Leiter des Hochbauwesens und Baudirektor in Hamburg, von 1924 bis 1933 Oberbaudirektor. Kein anderer Architekt und Stadtplaner hat in der Hansestadt ein so reiches Erbe hinterlassen wie Schumacher. Unter seiner Leitung entstanden bis 1933 zahlreiche staatliche Bauten, ganze Wohnquartiere, eine Vielzahl an Schulen und Grünflächen, allen voran der Hamburger Stadtpark. Schumachers Markenzeichen war der Backstein. Mit ihm ließen sich Heimat- und Reformstil zu einer Einheit verbinden. Auch die Kunst spielte in seinen Planungen eine große Rolle. Schumacher engagierte immer wieder regionale oder auswärtige Künstler, die die Bauten mit schmückenden Skulpturen, Reliefs oder Keramiken versahen. Zwei ihrer wichtigsten Vertreter waren Eduard Bargheer (1901–1979) und Richard Kuöhl (1880–1961).

Mit der Naziherrschaft endete auch Schumachers Ära als Oberbaudirektor in Hamburg. Bereits am 3. Mai 1933 wurde er zwangspensioniert. Von nun an widmete sich der Architekt und oberste Baubeamte Hamburgs verstärkt dem Schreiben, zwölf Bücher aus seiner Feder erschienen bis zu seinem Tod. 1944 wurde Schumacher für seine baulichen und literarischen Verdienste der Lessing-Preis der Stadt Hamburg verliehen. Gänzlich zerrüttet scheint das Verhältnis zwischen Schumacher und den nationalsozialistischen Machthabern also nicht gewesen zu sein. So widmete er sich nach den schweren Luftangriffen auf Hamburg auch verstärkt dem Wiederaufbau der Stadt. Der Wiederaufbau seiner Geburtsstadt Bremen war

BARMBEK-NORD (DER NORDEN)

schließlich die letzte Betätigung des Architekten und Stadtplaners. Am 5. November 1947 starb Fritz Schumacher, er ist auf dem Friedhof Ohlsdorf begraben.

Durch eine Grünanlage getrennt vom heutigen Bürgerhaus, befindet sich am anderen Ende des Platzes die evangelische St.-Gabriel-Kirche (Abb. 8). Der Nachkriegsbau wurde zwischen 1954 und 1956 von Hermann Schöne geschaffen.

Wir folgen nun der Lorichsstraße nach Süden. Auf unserem Weg kommen wir an einem langgezogenen Komplex mit Zeilenbauten vorbei. Sie stechen aus der charakteristischen Wohnbebauung dieser Gegend heraus, denn die Fassaden sind verputzt und die Häuser haben Steildächer. Die Bauten entstanden 1936. Auch in der NS-Zeit spielte der Siedlungsbau eine wichtige Rolle. Unter dem Motto der „Gesundung der Großstadt" sollten die Städte nicht zum Moloch werden und familienfreundliche Wohnungen entstehen.

Wir biegen an der ersten Kreuzung links in die Straße Langenfort ein, überqueren die Otto-Speckter-Straße und gelangen wenig später rechter Hand zu einem auffälligen Schulbau.

 SCHULE LANGENFORT

Bei der Schule handelt es sich um die Gesamtschule Helmuth Hübener, die nach einem Hamburger Widerstandskämpfer gegen das nationalsozialistische Regime benannt ist. Hübener war einer der jüngsten von den Nazis zum Tode verurteilten Widerstandskämpfern, 1942 wurde er mit nur 17 Jahren in Berlin-Plötzensee hingerichtet.

Ursprünglich trug die Schule den Namen „Volksschule Langenfort". Auch dieser in den Jahren 1927 bis 1929 errichtete Bau wurde von Fritz Schumacher entworfen.

In der für Schuhmacher typischen Klinkerbauweise zeigt sich das Schulgebäude als Bau seiner Zeit. Auffallend sind die beiden halbrunden Treppenhaustürme, in deren Mitte und zu deren Seiten sich Flachdach-

BARMBEK-NORD (DER NORDEN)

9 SCHULE LANGENFORT

bauten erstrecken (Abb. 9). Auch wenn es in dieser Schule schon seit den 1970er Jahren keine Geschlechtertrennung mehr gibt, sind die Kennzeichnungen des Knaben- bzw. Mädchenteils über den Eingängen der Schule bis heute gut erhalten.

Nach dem Ersten Weltkrieg hatte es einige geburtenstarke Jahrgänge gegeben, die zusammen mit einer allgemeinen Verstädterung den Bedarf an Schulen in Hamburg enorm steigerten. So entstanden in den Jahren der Weimarer Republik zahlreiche neue Volksschulen. In dieser Zeit setzte sich zunehmend eine Reformpädagogik durch, aus der sich auch neue Formen für den Schulbau ergaben. Insbesondere Schumacher war überzeugter Anhänger dieser Reformbewegung. Der Unterricht sollte vielfältiger werden, neue Fächer standen auf dem Lehrplan, und dafür benötigte man andere Schulräume. So mussten ausreichend Sportflächen, Räume für den Naturkundeunterricht und für die musisch-künstlerischen Fächer geschaffen werden. Finanziell war dies in Zeiten der Weltwirtschaftskrise eine Herausforderung, worauf sich die Planungen einstellen mussten. Schumacher legte zwar Wert auf ausreichend Platz, Luft und Licht, nicht aber auf aufwendige Raumkonstruktionen oder repräsentative Elemente. Die „Neue Sachlichkeit" war der Stil, an dem sich Schumachers Bauten jener Zeit orientierten. Die Formen waren klar und streng, bei der Raumaufteilung ging man bedarfsgerecht und pragmatisch vor. Klinker war bei diesen Bauten nicht nur das bevorzugte Baumaterial, sondern auch Dekorationselement, wie das Schulgebäude am Langenfort zeigt. Die an die Schule anschließenden Sportflächen waren von Beginn an mit eingeplant und zunächst als Grünflächen Teil der Gesamtanlage zwischen Langenfort, Steilshooper Straße und Wittenkamp. Auch die Kinder in den Arbeiterstadtteilen sollten die Möglichkeit haben, im Grünen zu spielen. Heute wird die Sportanlage unter anderem von der Jugendabteilung des „HSV Barmbek-Uhlenhorst" genutzt.

Wir folgen der Straße Langenfort bis zur Kreuzung und biegen dort rechts in die Steilshooper Straße ein. Die zweite Straße rechts führt uns auf den Herbstweg.

BARMBEKER TRADITIONSVEREINE UND EIN WELTMEISTER

Auch wenn man es heute nicht mehr glauben mag: Barmbek war einst Fußball-Hochburg! Auf die längste Vereinsgeschichte kann der USC Paloma zurückblicken. 1909 wurde im Lokal „Bei Schmidt" in der Humboldtstraße der „Sportclub Paloma" aus der Taufe gehoben. Maßgeblich an der Gründung beteiligt war die Schlagball-Mannschaft einer Barmbeker Schule. Die Schüler der Abschlussklasse trugen blauweiße Mützen. Hier liegt der Ursprung der Vereinsfarben. Die Vereinsgeschichte klärt uns auch über die Herkunft des Namens „Paloma" auf: Die Schüler lernten Spanisch, um sich später als Kaufleute im Fernhandel zu etablieren. Eines der ersten Worte, die sie lernten, war das Wort Taube – Paloma also.

BARMBEK-NORD (DER NORDEN)

Die Palomaten sind in Barmbek-Süd beheimatet, aber auch Barmbek-Nord hat seinen Verein, den SC Urania. Dieser wurde 1931 gegründet, nachdem sein Vorläufer, der SC Unitas (bestehend seit 1902) insolvent gegangen war. Da das „U" nun schon Teil des Vereinswappens war, musste der Buchstabe auch im neuen Namen auftauchen. Man tat einen Griff in die griechische Mythologie und machte die Muse der Sternenkunde zur namensgebenden Patin des Sportclubs. Hier begann der Hamburger Klaus Ohmsen (1935–2012) seine Laufbahn als Fußballschiedsrichter. 1974 durfte er dann im Berliner Olympiastadion zum ersten Mal ein Bundesligaspiel pfeifen. Im selben Jahr nahm er auch an der Fußball-Weltmeisterschaft teil, wenn auch nur als Linienrichter. Beim SC Urania ist man jedenfalls sehr stolz auf den Barmbeker Schiedsrichter.

Der HSV Barmbek-Uhlenhorst, gegründet 1923, blickt auf eine fast hundertjährige Geschichte mit vielen Höhen und Tiefen zurück. In den 1960er und 1970er Jahren war der Verein in der zweithöchsten Spielklasse zuhause und schien im Kampf um die Nr. 2 im Hamburger Fußball (hinter dem großen HSV) eine Zeit lang eine Nasenlänge vor einem anderen Stadtteilverein zu liegen: dem FC St. Pauli. Zwar steht der Verein inzwischen – auch dank einiger wirtschaftlicher Fehltritte – nicht mehr ganz so im Rampenlicht, dennoch ist er mit seiner ruhmreichen Historie eine Institution im Hamburger Amateurfußball.

Und seit Anfang 2016 hat der Verein sogar ein nagelneues Stadion: Nachdem die Mannschaft 2015 ihr letztes Spiel auf dem altehrwürdigen Wilhelm-Rupprecht-Sportplatz an der Steilshooper Straße – stolze achtzig Jahre lang die Spielstätte von BU – absolvierte, wurde dieser abgerissen, da die Fläche für den Wohnungsbau benötigt wurde. Beim letzten Spiel erwiesen 2700 Besucher der Fußballarena die letzte Ehre, darunter Uwe Seeler und Lotto King Karl, der nach dem Schlusspfiff noch ein Abschiedskonzert gab. Eine neue Heimat war zu diesem Zeitpunkt aber schon längst im Bau – auf einer Fläche zwischen Bramfelder Straße und Dieselstraße steht inzwischen ein schönes kleines Stadion.

BARMBEK-NORD (DER NORDEN)

Die lange und zumindest zeitweise auch ruhmreiche Geschichte des Vereins ist natürlich mit vielen mehr oder weniger bekannten Spielernamen verbunden, einer ragt aber heraus: Andreas Brehme. Sein Vater Bernd spielte schon bei BU, er selbst erlernte hier bereits als Kind sein Fußballhandwerk, ehe er später unter anderem in Kaiserslautern, bei Bayern München und bei Inter Mailand aktiv war. Und an einem Sonntag im Juli 1990 machte sich der Barmbeker Junge unsterblich: Da der etatmäßige Elfmeterschütze Lothar Matthäus in der Halbzeit die Schuhe gewechselt hatte und nicht zum Strafstoß antreten wollte, schoss Andi Brehme im WM-Finale gegen Argentinien den Elfmeter und Deutschland zum 1:0-Sieg. Deutschland war Weltmeister – und Barmbek irgendwie auch.

 KARL-SCHNEIDER-BLOCK

Wo der Herbstweg auf die Habichtstraße trifft, gelangen wir zu einem Wohnblock, der exemplarisch ist für den Geschosswohnungsbau der 1920er Jahre. Er erstreckt sich in zwei miteinander verbundenen Teilen über ein Areal, das an gleich fünf Straßen grenzt: Habichtstraße, Habichtsplatz, Eckmannsweg, Herbstweg und Wittenkamp (Abb. 10).

Das imposante Bauwerk stammt von dem Architekten Karl Schneider (1892–1945), der es gemeinsam mit seinen Kollegen Willy Berg und Max Paasche 1927/28 erbaute. Die Fassade des Wohnblocks ist eine zeittypische Klinkerverkleidung. Auffallend ist eine turmartige Erhöhung der Gebäudeecke in Richtung Habichtstraße. Ursprünglich traf an dieser Stelle die Habichtstraße diagonal auf den Habichtsplatz, ein Umstand, der heute durch die neue Straßenführung nicht mehr erkennbar ist. Durch die markante Ecke schuf Schneider eine Abgrenzung zum Platz. Die weißen, halbrunden Balkone (Abb. 11) erinnern an Schiffsbrücken und betonen in ihrer Form und Helligkeit die Gestaltung. Bei dem Entwurf des Blocks sah sich Schneider vor eine besondere Schwierig-

BARMBEK-NORD (DER NORDEN)

10 HABICHTSTRASSE MIT KARL-SCHNEIDER-BLOCK (VORNE), RECHTS UNTEN DER HABICHTSPLATZ, UM 1930

keit gestellt. Das zu bebauende Gelände bestand aus zwei Parzellen, die durch den Herbstweg getrennt wurden. Die beiden Gebäudeteile waren nun so miteinander zu verbinden, dass ein optisches Ganzes entstand. Durch eine Überbauung schuf Schneider der Straße eine Art Eingangstor. Diese Lösung hatte in Fritz Högers Chilehaus ein prominentes Vorbild. Schneider betonte die Eingangswirkung aber noch, indem er zu beiden Seiten runde gläserne Ladenpavillons setzte, die die Eingangssituation vorwegnehmen (Abb. 12). Über eine kleine Straße gelangt man in den Innenhof, von wo aus sich die Dimension des Wohnblocks erschließt. Bauherrin der Anlage war die Gemeinnützige Kleinwohnungsbaugesellschaft Groß-Hamburg, die sich, wie der Name sagt, für den Bau kleinerer Wohnungen für die weniger einkommensstarke Bevölkerung einsetzte.

BARMBEK-NORD (DER NORDEN)

Dieses Ziel verfolgte auch der Architekt Karl Schneider. Als einer der führenden Wohnungsbauarchitekten zu Zeiten der Weimarer Republik wollte er gesunden Wohnraum für die breite Bevölkerung schaffen. Das Neue Bauen mit seinen strengen, funktionalen Formen war Schneiders Stil. Sonne, Luft und Licht erschienen ihm wichtiger als aufwendiger Gebäudeschmuck. Neben diesem Bauwerk steht auch der zentrale Wohnblock in der Jarrestadt beispielhaft für Schneiders Wirken in Hamburg. Vor seiner selbständigen Tätigkeit seit 1921 hatte Schneider schon in namhaften Büros gearbeitet, unter anderem bei Walter Gropius, Peter Behrens und Fritz Höger. Ab 1930 war er Professor an der Landeskunstschule, sein Wirken war allerdings nicht von langer Dauer. Den Nationalsozialisten galt Schneider als „Kulturbolschewist", sie belegten ihn mit einem Berufsverbot. 1938 emigrierte Schneider in die USA und versuchte in Chicago eine neue Heimat zu finden. An seine Erfolge in Deutschland konnte der Architekt jedoch nicht wieder anknüpfen. Erst 1945 wurde er im Bundesstaat Illinois als Architekt eingetragen. Im selben Jahr starb Karl Schneider mit nur 53 Jahren an einem Herzleiden.

11+12 LADENPAVILLON UND GERUNDETE BALKONE AM KARL-SCHNEIDER-BLOCK

Der Wohnblock am Habichtsplatz wurde im Krieg zwar teils zerstört, jedoch weitgehend originalgetreu wieder aufgebaut. So gibt der Karl-Schneider-Block bis heute ein eindrucksvolles architektonisches Zeugnis des Neuen Bauens in Hamburg.

Wir überqueren nun die Habichtstraße in Richtung des Grünstreifens und machen hier unseren nächsten Halt.

HABICHTSPLATZ

Schon von Weitem sticht am Habichtsplatz ein Hochhaus ins Auge. Es wurde 1955 von Ernst May erbaut. Das 14-stöckige Gebäude hat so gar nichts mit den Backsteinbauten seiner Umgebung gemein. Vielmehr zeigt es sich im Stil der von Wohnungsmangel geprägten Nachkriegsjahre (Abb. 13). Von der „Neuen Heimat", einem Wohnungsbauunternehmen mit Sitz in Hamburg, wurde es damals in kürzester Zeit hochgezogen.

13 HOCHHAUS AM HABICHTSPLATZ

Wir befinden uns hier im Herzen Nord-Barmbeks. Bis in die 1970er Jahre hinein schlossen an dieser Stelle der Habichtsplatz und der Schwalbenplatz aneinander an. Auch wenn beide Namen bis heute existieren, ist die ursprüngliche Struktur dieses Gebiets kaum mehr zu erkennen. Seit 1971 teilt der Ring 2 entlang der Habichtstraße und über die Barmbeker Ringbrücke an der Dennerstraße den Habichtsplatz und zerschneidet die ehemalige Parkanlage regelrecht. Dennoch lässt sich rund um den Platz ein eindrucksvolles Zeugnis des Siedlungsbaus der

BARMBEK-NORD (DER NORDEN)

14 GROSSSIEDLUNG BARMBEK-NORD: LINKS HABICHTS- UND SCHWALBENPLATZ, UNTEN LINKS DAS LAUBENGANGHAUS HEIDHÖRN, DARÜBER DER SCHWALBENHOF, UM 1930

1920er Jahre erkunden. Zwar wurde das Gebiet von den Zerstörungen während des Zweiten Weltkriegs nicht verschont, in der Nachkriegszeit jedoch in weiten Teilen originalgetreu wieder aufgebaut. Aus den 1920er und 1930er Jahren hat Hamburg heute kein zweites geschlossenes Wohnungsbau-Areal in dieser Größe vorzuweisen. Die Wohnsituation in diesen Anlagen muss damals für die Bewohner völlig neu gewesen sein. 1929 sprach der „Hamburger Anzeiger" gar von dem Gefühl, sich durch eine andere Stadt zu bewegen, wenn man durch die neu bebauten Straßen Barmbek-Nords spaziere. Ab Mitte der 1920er Jahre bis 1931 entstanden in diesem Gebiet über 4000 Wohnungen (Abb. 14). Verantwortlich für den Bau waren sowohl private Bauträger als auch gemeinnützige Wohnungsbaugesellschaften. Das Gros der Wohnungen bestand aus zwei Zimmern, Küche und Toilette, verfügte jedoch über kein eigenes Bad. Auch 1- und 3-Zimmer Wohnungen gab es.

BARMBEK-NORD (DER NORDEN)

Obgleich hier viele unterschiedliche Architekten wie Karl Schneider, Paul A.R. Frank und Fritz Höger am Werk waren, bietet sich doch bis heute ein recht einheitliches Bild. Dies ist nicht zuletzt dem Backstein zu verdanken, aus dem die meisten Gebäude gebaut wurden. Der Stein vermag nicht nur eine Verbindung zwischen den Entwürfen unterschiedlicher Architekten herzustellen, sondern vereint auch den regionalen Baustil mit dem Neuen Bauen. Zudem haben alle Häuser Flachdächer und in der Regel einen Innenhof, zwei weitere Merkmale, die zu dem harmonischen Gesamteindruck beitragen.

Mit dem Zweiten Weltkrieg kam eine neue Welle des Wohnungsmangels auf die Hansestadt zu. Um mehr Wohnraum zu schaffen, legte man nun nicht wie zuvor zwei Wohnungen in einem Stockwerk an, sondern plante jetzt vermehrt drei Wohnungen pro Etage. Ende der 1970er Jahre wurden die Mietwohnungen grundlegend modernisiert und erhielten eigene Bäder sowie eine Heizung. Außerdem wurden Wände und Fenster isoliert und den neuen Standards angepasst. Leider blieb dabei allerdings so manches charakteristische Sprossenfenster auf der Strecke. Heute gilt Barmbek-Nord als zu erhaltendes Milieuschutzgebiet.

Jenseits der schmalen Grünanlage halten wir uns am Schwalbenplatz links und gelangen zu unserer nächsten Station, dem Schwalbenhof.

7 SCHWALBENHOF

Bis heute zeigt die Front dieses Gebäudes unübersehbar den Schriftzug „Schwalbenhof" (Abb. 15). Wieder haben wir es hier mit einem exemplarischen Bau der 1920er Jahre zu tun. Entworfen wurde das in den Jahren 1929/30 entstandene Gebäude von dem Architekten Paul A.R. Frank (1878–1951), der das Grundstück am Schwalbenplatz 15 im Jahr 1927 gemeinsam mit seinem Bruder Hermann Frank (1871–1941) erwarb. Typisch für die Bauweise der Brüder Frank war die Mischung aus heimatlichem Backstein und dem Stil des Neuen Bauens. Von Beginn an war die Planung auf eine klar definierte Mietergruppe ausgerichtet – das achtgeschossige

Gebäude war als Frauenwohnheim konzipiert. In jener Zeit war es für alleinstehende Frauen recht schwierig, eine Wohnung anzumieten, die üblichen Wohnformen orientierten sich fast ausschließlich am klassischen Modell des Ehepaars oder der Familie. Doch es bestand durchaus Bedarf an Wohnungen für Ledige. Durch den Ersten Weltkrieg, der zahlreiche Männer an der Front das Leben gekostet hatte, gab es in Hamburg viele alleinstehende Frauen, und das Wohnen im Schwalbenhof war ziemlich begehrt. Eine zeitgenössische Werbebroschüre spricht die Zielgruppe ganz konkret als durch den Krieg „zur Ehelosigkeit verurteilte Frauen" an.

15 SCHWALBENHOF

Der Schwalbenhof bot unverheirateten berufstätigen Frauen rund 190 Einzimmerwohnungen, die jeweils etwa 36 Quadratmeter groß waren. Daneben gab es zahlreiche Gemeinschaftseinrichtungen. Neben einer Waschküche und einer Dachterrasse zum Sonnenbaden bot die Wohnanlage ihren Mieterinnen auch Musik- und Leseräume für die Freizeitgestaltung. Allerdings hatten Frauen, die eine der Wohnungen anmieten wollten, einen einmaligen Baukostenzuschuss zu leisten. Die Mietkosten lagen zwar im Rahmen, waren aber dennoch für eine einfache Arbeiterin nicht wirklich erschwinglich. So kamen die Bewohnerinnen in der Regel aus der bürgerlichen Mittelschicht und arbeiteten beispielsweise als Bürokräfte oder Lehrerinnen. Bis heute gut erkennbar sind die Laubengänge an der Vorderseite des Gebäudes (vgl. Station 8).

Beim Betreten des Innenhofes zeigt sich jedoch nicht das erwartete Bild. Die Rückseite des Gebäudes ist mit modernen Balkonen ausgestattet und versetzt den Betrachter beim ersten Anblick nicht unbedingt in die 1920er Jahre. Das Haus wurde während der Luftangriffe im Zweiten

BARMBEK-NORD (DER NORDEN)

16 LAUBENGANGHAUS HEIDHÖRN, ECKE FUHLSBÜTTLER STRASSE, 1930

Weltkrieg zerstört und in den 1950er Jahren wieder aufgebaut. Auch heute noch verfügt der Schwalbenhof über zahlreiche Mietwohnungen, diese sind allerdings nicht mehr allein der ledigen Damenwelt vorbehalten.

Wir lassen den Schwalbenhof rechts liegen und folgen dem Weg nur wenige Meter bis zur nächsten Querstraße. Hier an der Straße Heidhörn / Ecke Schwalbenstraße blicken wir auf ein großes Eckhaus. Dies ist unsere nächste Station.

 LAUBENGANGHAUS HEIDHÖRN

Wir blicken an dieser Stelle erneut auf einen Bau Paul A.R. Franks. Das Mietshaus wurde 1926/27 erbaut. Als Bauherr fungierte die von den Gebrüdern Frank ins Leben gerufene „Gemeinnützige Kleinhaus-Baugesellschaft mbH". An der Hausecke befindet sich bis heute eine der für

BARMBEK-NORD (DER NORDEN)

Barmbek so typischen Eckkneipen. Auf den ersten Blick mag der Betrachter kaum glauben, dass dieses Gebäude die deutsche Architekturwelt in Aufruhr versetzte. Es handelt sich aber um das erste Laubenganghaus Deutschlands. Um die Laubengänge zu sehen, gehen wir linker Hand um das Gebäude herum und gelangen auf einen Grünstreifen mit Spielplatz an der Rückseite des Hauses. Noch deutlicher als am Schwalbenhof zeigen sich hier die besonderen Eigenschaften des Typus Laubenganghaus. Die Gänge ziehen sich in Form einer Außengalerie ohne Unterbrechungen an der gesamten rückwärtigen Seite des Hauses entlang (Abb. 16). Damit sah Paul A.R. Frank sein Ziel, durch lichte und luftige Miethäuser gesunden Wohnraum zu schaffen, verwirklicht. Das Haus am Heidhörn galt damals in Hamburg als echte Sehenswürdigkeit. Architekturstudenten boten sogar Führungen durch das Gebäude an. Auch die Lokalpresse war begeistert und sprach vom „Paradies für Hausfrauen" bzw. von Deutschlands „fortschrittlichstem Großwohnhaus". Rund 130 Wohnungen wurden hier vermietet. Sie bestanden in der Regel aus zwei Zimmern und einer Wohnküche. Boden- und Kellerräume sorgten für zusätzlichen Platz. Die Wohnungen verfügten allerdings nicht über Badezimmer, weshalb den Bewohnern zentrale, nach Geschlechtern getrennte Waschräume zur Verfügung standen. Bei schönem Wetter konnten sich die Mieter hier auch zu einem Sonnenbad auf der Dachterrasse treffen – ein erheblicher Vorteil der Bauweise mit Flachdächern. Um den Haushalt leichter zu bewältigen, bestand die Möglichkeit, sich einmal pro Woche einen Staubsauger auszuleihen. Außerdem gab es im Gebäude eine Waschküche. Die Fortschrittlichkeit des Laubenganghauses zeigte sich auch in der Zentralheizung – in den 1920er Jahren noch längst keine Selbstverständlichkeit. Damit die Bewohner bei guter Gesundheit blieben, plante Frank zudem einen Gymnastikraum ein.

Durch die im Haus gebotenen Einrichtungen hatten die Mieter die Möglichkeit, viel Zeit in den eigenen vier Wänden oder im nahen Umfeld zu verbringen, ohne weite Wege zurücklegen zu müssen. Ein Nachteil des Laubenganghauses bestand natürlich darin, dass jedermann zu jeder Zeit

BARMBEK-NORD (DER NORDEN)

am Fenster des Nachbarn vorbeilaufen konnte, wodurch die Wohnsituation an Privatheit einbüßte. Frank jedoch war überzeugt: „Das gelegentliche Vorübergehen der Mitbewohner an den Fenstern wird nirgends als Störung empfunden."

Wir folgen nun der Schwalbenstraße und biegen an der Hellbrookstraße nach rechts ab. Dieser folgen wir, bis wir auf die Fuhlsbüttler Straße treffen. An der Kreuzung machen wir Halt und haben nun Blick auf die Fuhlsbüttler Straße.

9 HELLBROOKSTRASSE / ECKE FUHLSBÜTTLER STRASSE

Die Fuhlsbüttler Straße ist heute zweifellos die Hauptschlagader des Stadtteils. Ausgehend vom Barmbeker Bahnhof zieht sie sich bis zur Hausnummer 792 nach Ohlsdorf und ist mit dieser höchsten Hausnummer in ganz Hamburg auch die längste Straße der Stadt. Eingebettet in die Wohnbebauung reihen sich hier Einzelhandel, Dienstleistungsunternehmen und Gastronomie aneinander. Leider waren die Gewerbeflächen in den letzten Jahren häufig von Leerstand und der Kurzlebigkeit der sich neu ansiedelnden Geschäfte geprägt. Mehr noch als heute bot die Fuhlsbüttler Straße der Bevölkerung zu Beginn des 20. Jahrhunderts eine vollständige Versorgung. Den Barmbekern standen hier nicht nur Lebensmittelgeschäfte und zahlreiche Gaststätten zur Verfügung, sondern auch Fachgeschäfte für Lederwaren, Schmuck und Uhren oder Blumen waren hier zu finden. Erst vor Kurzem wurde die „Fuhle" saniert. Die Gehwege wurden verbreitert, was dazu beitragen soll, dass sich entlang der Straße fußgängerfreundlich flanieren lässt.

17 SUPERMARKT IM GEBÄUDE DES EHEMALIGEN ROXY-KINOS

Blicken wir auf die gegenüberliegende Ecke bei der Einmündung von der Hellbrookstraße in die Hufnerstraße, so sehen wir dort heute eine Filiale des Discounters Aldi. Bis 1973 befand sich in diesem Gebäude ein Kino, das Roxy Barmbek. Betreiberin war Jeltheda Iderhoff, Inhaberin der Roxy-Filmtheaterbetriebe. Der Firmenname lässt erahnen, dass das Barmbeker Kino nicht das einzige in ihrem Besitz war. Auch in Eppendorf, Eimsbüttel und Hamm gab es jeweils ein Roxy-Kino. Der einwohnerstarke Stadtteil Barmbek war von jeher sehr kinofreudig, was unter anderem der Tatsache geschuldet war, dass sich viele Bewohner des Arbeiterstadtteils den Besuch von Theatern und Varietés nicht leisten konnten und so mit den bewegten Bildern vorliebnehmen mussten. Mitte der 1950er Jahre eröffnete das Barmbeker Kino in der damaligen Hufnerstraße 129, heute gehört dieser Teil zur Fuhlsbüttler Straße. Auch an diesem Bau finden wir, wenn auch in modernerer Form, die vertrauten Klinker wieder. Auffallend ist die abgerundete Ecke, wo sich damals wie heute der Eingangsbereich befand. Im Mai 1954 eröffnete hier das Roxy Kino. Es bot Platz für 743 Zuschauer und wurde Ende der 1960er Jahre noch einmal renoviert. Nachdem drei weiteren Filialen der Filmbetriebe Iderhoffs bereits hatten schließen müssen, stellte auch das Barmbeker Roxy Kino mit einer letzten Vorstellung im März 1973 den Betrieb ein. Direkt danach zog der Supermarkt in das Gebäude (Abb. 17), allerdings trug er anfangs noch den vollständigen Namen seiner Eigentümer – „Albrecht". Auf die einst vielfältige Barmbeker Kinolandschaft verweist heute leider kaum mehr ein Spur.

Wir überqueren nun die Fuhlsbüttler Straße und folgen weiterhin der Hellbrookstraße. Bevor die Saarlandstraße kreuzt, sehen wir linker Hand den Betriebshof Hellbrookstraße der Hamburger Hochbahn, erkennbar an den alten Backsteingebäuden.

10 HELLBROOKSTRASSE

„Die gesamte Erscheinung des Kraftwerkes nimmt auf die Nähe des künftigen Stadtparkes Rücksicht." So heißt es im Programm zur Eröffnungs-

BARMBEK-NORD (DER NORDEN)

fahrt der Hamburger Hochbahn vom 15. Februar 1912. Das Gelände des Betriebshofs Hellbrookstraße, wo wir uns nun befinden, ist leider nicht öffentlich zugänglich. Bei der Entstehung des Hamburger Nahverkehrs spielte es eine entscheidende Rolle. Stolze 46 000 Quadratmeter Fläche waren bei der Eröffnung des Betriebshofs 1912 für unterschiedliche Zwecke vorgesehen. Neben den Wagenhallen und der Hauptwerkstatt befand sich hier das Kraftwerk, wo die für die Bahnen notwendige Elektrizität erzeugt wurde, um dann über Kabel weitergeleitet zu werden. Hamburgs bis dato größter Schornstein erhob sich in achtzig Metern Höhe über das Gelände und war ebenso wie das Kesselhaus weithin sichtbar, weshalb man beim Bau auf eine über die reine Funktion hinausgehende ansprechende Architektur achtete (Abb. 18). Vor allem sollten die Besucher des im Entstehen begriffenen Stadtparks beim Ausblick ins Grüne nicht von einer unschönen „Skyline" gestört werden.

Um den Betriebshof mit Kohlen zu versorgen, wurde an der Osterbek der Stichkanal angelegt. Auf ihm konnten die Schuten, die die Kohlen beförderten, bis in die Nähe des Kraftwerkes gelangen. Die Ware wurde mithilfe von Laufkatzen gelöscht, wie sie heute in moderner Form vor allem im Containerhafen zum Einsatz kommen.

Anfangs befand sich auf dem Betriebshof auch die Verwaltung der Hochbahn, der Vorstand und seine Mitarbeiter hatten hier ihre Büros. Zudem gab es Wasch- und Speiseräume für die Mitarbeiter.

Auch wenn der Schornstein des Kraftwerks heute nicht mehr existiert, ist doch der Ursprungsbau erhalten geblieben. Sein Inneres ist weitestgehend ausgeschlachtet, er dient aber weiterhin den Zwecken der Hochbahn – wenn auch nicht mehr zur Erzeugung von Elektrizität. Auf dem Areal genau gegenüber ist mittlerweile eine recht dichte Bebauung zu sehen. Es handelt sich dabei um den alten Güterbahnhof, auf dem inzwischen das Stadtparkquartier hochgezogen wurde. Der 1907 eröffnete Güterbahnhof war schon seit den 1960er Jahren zunehmend weniger genutzt worden. Nach seiner Stilllegung sind hier insgesamt rund 1200 Wohneinheiten entstanden, von denen ein großer Teil bereits bezugsfertig ist. Immer wieder

BARMBEK-NORD (DER NORDEN)

18 KRAFTWERK DER HOCHBAHN, LINKS DER U-BAHNHOF SAARLANDSTRASSE (FRÜHER FLURSTRASSE), 1913

ist zu hören, dass das Ortsschild „Winterhude" in Richtung Rübenkamp verlegt wurde. So ist das neue Quartier im schickeren Winterhude gelegen, was sich auf die Preise auswirken dürfte.

Wer sich nun noch ein bisschen ins Grüne begeben möchte, hat es nicht weit. Der Stadtpark ist nur wenige Gehminuten entfernt. Aber auch die Hochbahn ist schnell erreicht. An der nächsten Kreuzung biegen wir links in die Saarlandstraße ein, wo wir kurze Zeit später auf die Haltestelle Saarlandstraße treffen.

ADRESSEN TOUR 1

CAFÉS / RESTAURANTS

Balutschistan
Fuhlsbüttler Straße 172 A
www.balutschistan-barmbek.de
→ *gemütliches pakistanisches Restaurant*

Café May
Fuhlsbüttler Straße 402
www.may-cafebar.de
→ *Filiale der Selbstbedienungs-Cafékette*

Eatstanbul
Fühlsbüttler Straße 386
→ *türkisches Fastfood, auch vegan*

Eis Franz
Fuhlsbüttler Straße 172 E
→ *traditionelles Eiscafé seit über zwanzig Jahren*

Indian Temple
Fuhlsbüttler Straße 159
www.indian-temple.de
→ *gute indische Tandoori-Gerichte*

Jim Block
Fuhlsbüttler Straße 165
www.jim-block.de
→ *Filiale der Hamburger Hamburger-Kette*

Miss Pepper
Fuhlsbüttler Straße 389
www.misspepper.de
→ *American Food*

Orchideen Palast
Fuhlsbüttler Straße 236
www.orchideen-palast.com
→ *gute chinesische Küche*

Pasteleria Café Carlos
Fuhlsbüttler Straße 412
→ *nettes, typisch portugiesisches Café*

Schach-Café
Rübenkamp 227
www.schachcafe-hamburg.de
→ *Café und Restaurant im historischen Bahnhofsgebäude*

Thai Cowboy's 2
Fuhlsbüttler Straße 168
→ *Ableger des gleichnamigen Thai-Imbiss im Schanzenviertel*

Trattoria Anna e Luciano
Hellbrookstraße 47
→ *kleines und sehr feines italienisches Restaurant*

LÄDEN

Abraham
Hellbrookstraße 63
→ *Leckereien, Mode und Schnickschnack seit 1975*

bioMarkt Barmbek
Fuhlsbüttler Straße 164
www.biomarkt-hamburg-barmbek.de
→ *gut sortierter, vom Inhaber geführter Biomarkt*

ADRESSEN TOUR 1

Bonbonladen und Feines
Fuhlsbüttler Straße 346
www.bonbonladenundfeines.de
➜ *Paradies für Bonbon-Liebhaber*

Buchhandlung Hartmann
Fuhlsbüttler Straße 386
www.buchhandlung-hartmann.de
➜ *tolle, engagierte Stadtteilbuchhandlung*

Fleischerei Martin Göpp
Hellbrookstraße 65
www.fleischerei-martingoepp.de
➜ *alteingesessene Fleischerei mit Mittagstisch*

Gräber Räder
Fuhlsbüttler Straße 269
www.graeber-raeder.de
➜ *Fahrräder nach Maß*

Kleines Glück
Fuhlsbüttler Straße 181
www.kleines-glueck.hamburg
➜ *erlesene Spezialitäten, Weine und Mittagstisch*

Konditorei Walter Weber
Hellbrookstraße 61
➜ *Hamburgs älteste Konditorei (seit 1934) mit unschlagbarem Angebot an Baisers*

Was das Herz begehrt
Fuhlsbüttler Straße 157
www.wasdasherzbegehrt.com
➜ *Süßes in schönster Ausführung, Backkurse für Cupcakes und Torten*

Wochenmarkt Hartzloh
Fuhlsbüttler Straße 402
➜ *Dienstag, Donnerstag, Samstag, 8.30 bis 13 Uhr*

FREIZEIT / SPORT

HSV Barmbek-Uhlenhorst von 1923
Dieselstraße 6
www.hsv-bu.de
➜ *Sportverein mit bedeutender Fußballvergangenheit*

Meridian Spa
Fuhlsbüttler Straße 405
www.meridianspa.de
➜ *Fitness und Wellness im ehemaligen Wirtschaftsgebäude des AK Barmbek*

KULTUR

Bürgerhaus in Barmbek e.V.
Lorichsstraße 28 A
www.buergerhaus-in-barmbek.de
➜ *engagiertes Stadtteilzentrum mit Kultur- und Kursangebot und Café*

BARMBEK-NORD (DER SÜDEN) 2

Bahnhof Barmbek ★ Fuhlsbüttler Straße: ehemaliges Café König ★ Museum der Arbeit ★ Alter Löschplatz ★ Adlerstraße ★ Schule Lämmersieth ★ Köster-Stiftung ★ Techniker Krankenkasse ★ Ehemaliger Habichtshof ★ Auferstehungskirche, Gemeindehaus und Schule am Tieloh

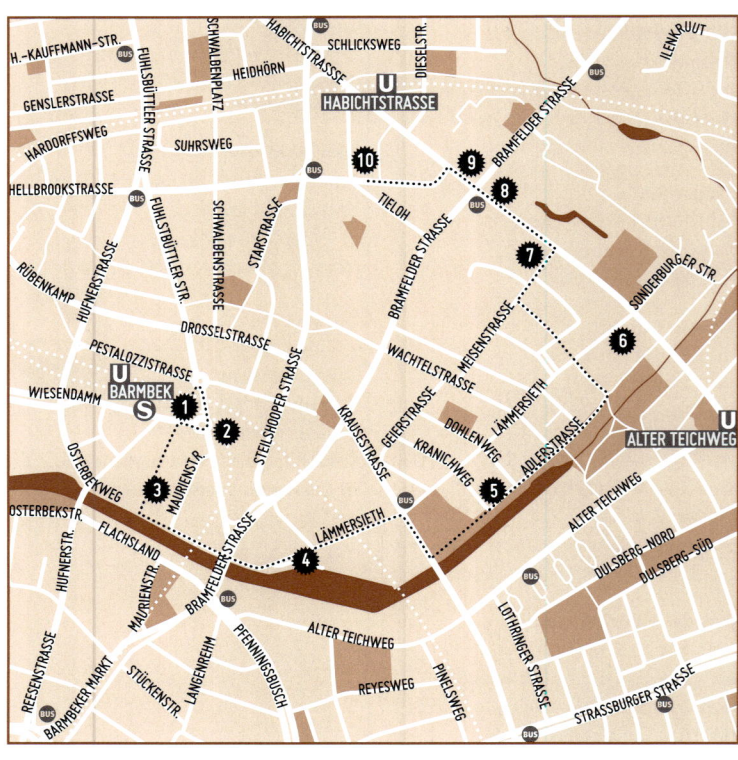

BARMBEK-NORD (DER SÜDEN)

STARTPUNKT: U-Bahn-Station Barmbek (U 3, S 1, S 11)
ENDPUNKT: U-Bahn-Station Habichtstraße (U 3)
DAUER: etwa zwei Stunden

Schon ab Mitte des 19. Jahrhunderts entwickelte sich der nördliche Teil Barmbeks zu einem Industriestandort. Noch bevor die großen Wohnblocks der 1920er Jahre entstanden, verzeichnete Barmbek deshalb durch den Zuzug der Arbeiterschaft auch als Wohnstandort ein erhebliches Wachstum. Bis heute zeugt von der industriellen Entwicklung des Stadtteils der Osterbekkanal, an dessen Ufer sich zahlreiche Fabriken ansiedelten. Auch der Anschluss Barmbeks an das öffentliche Verkehrsnetz zu Beginn des 20. Jahrhunderts hat zum schnellen Wachstum des Stadtteils maßgeblich beigetragen. Seit den 1980er Jahren werden einst industriell genutzte Flächen im Stadtteil zunehmend umfunktioniert. So befinden sich auf dem Gelände der einstigen „New-York Hamburger Gummi-Waaren-Compagnie" heute ein Museum und ein Kulturzentrum. An der Osterbek sind moderne Wohnbauten entstanden, und neue Unternehmen haben sich anstelle der alten Fabriken angesiedelt, wie das Beispiel der Techniker Krankenkasse zeigt.

Unser Weg beginnt am Barmbeker Bahnhof, dem heutigen Zentrum des Stadtteils. Kontrastreich wie dieser selbst, führt uns dieser zweite Rundgang durch Barmbek-Nord in ruhige Wohngegenden ebenso wie durch viel befahrene Straßen. Wir begeben uns zum Ausgang in Richtung Pestalozzistraße und gelangen vor dem Barmbeker Bahnhof an die Fuhlsbüttler Straße.

BAHNHOF BARMBEK

Im Laufe des 19. Jahrhunderts wurde das ehemalige Dorf Barmbek immer dichter besiedelt. Der Bau der Speicherstadt seit den 1880er Jahren, für den die Wohnbebauung auf der Kehrwieder- und der Wandrahminsel hat-

BARMBEK-NORD (DER SÜDEN)

1 BAHNHOF BARMBEK, 1912

ten weichen müssen, sowie der Abriss der Gängeviertel in der Alt- und Neustadt trugen ihren Teil dazu bei. Immer mehr Menschen sahen sich gezwungen, aus den alten Wohngebieten der einkommensschwächeren Bevölkerung in die Viertel außerhalb der alten Stadtgrenzen zu ziehen. Insbesondere für die Arbeiterschaft, von der große Teile ihre tägliche Arbeit am Hafen verrichteten, hatte dies erhebliche Nachteile. Die Hafenarbeiter mussten nun extrem lange Arbeitswege auf sich nehmen. Zwar gab es den Pferdeomnibus, aber auch dieser brauchte für die Strecke viel Zeit, und längst nicht jeder konnte sich die tägliche Fahrt leisten. Umso entscheidender war es für die Bevölkerung in Barmbek-Nord, dass die Preußisch-Hessische Staatsbahn die Strecke der Stadtbahn erweiterte. 1904 wurde zwischen der Staatsbahn und der Stadt Hamburg der sogenannte „Ohlsdorfer Vertrag" geschlossen. Damit stand dem Ausbau der Bahnverbindung über Barmbek bis Ohlsdorf nichts mehr im Wege. Nörd-

BARMBEK-NORD (DER SÜDEN)

lich der Osterbek wurde ein Bahnhof errichtet (Abb. 1), auf jenem Gelände, auf dem sich auch der heutige Bahnhof Barmbek befindet.

Seit 1912 verkehrte dann Hamburgs erste Hochbahn auf der „Ringlinie" auch an vier Haltestellen im Stadtteil. Neben dem Bahnhof Barmbek machte sie Halt an der Dehnhaide, der Hamburger Straße (damals Wagnerstraße) und an der Haltestelle Mundsburg. Jetzt war eine zügige Fahrt von hier über die Innenstadt bis nach St. Pauli möglich. Zudem gab es für die Arbeiterschaft die „Arbeiterfrühfahrkarten", die eine vergünstigte Fahrt vor sieben Uhr morgens ermöglichten. Entsprechend stark wurde die Hochbahn im Berufsverkehr frequentiert. Schon an der Haltestelle Barmbek stiegen häufig derart viele Menschen ein, dass bis zur Ankunft am Hafen kaum mehr Fahrgäste zusteigen konnten. Insgesamt machte die neue Anbindung den Stadtteil als Wohnquartier jedenfalls wesentlich attraktiver, sodass die Hochbahn einen erheblichen Anteil an der Entwicklung des Stadtteils hatte.

Ab 1916 fuhren auch Züge in Richtung Walddörfer, dies machte den Bau von zwei neuen Gleisen nötig. Da das Bahnhofsgebäude der verkehrlichen Erschließung im Wege stand, wurde es abgerissen.

Viele Jahre machten an der Nordseite des Bahnhofs die Straßenbahnen als zusätzliche Verkehrsmittel Halt. Als der Straßenbahnverkehr 1965 eingestellt wurde, entstand hier eine Anlage mit Bushaltestellen. Im Laufe der Jahre wurde der Bahnhof Barmbek stark sanierungsbedürftig. Seit 2009 erhält er nun eine Rundumerneuerung, die vermutlich 2017 abgeschlossen sein wird. Diese betrifft nicht nur den Bahnhof selbst, sondern auch die Busanlagen in der Pestalozzistraße und am Wiesendamm. Moderne helle Flügeldächer sind über den Bussteigen entstanden, die den Wartenden bei schlechter Witterung Schutz bieten und durch ihre Beleuchtung Licht in die Umgebung bringen sollen. Der Barmbeker Bahnhof gehört zu den Knotenpunkten in Hamburgs Nahverkehr, rund 60 000 Menschen nutzen ihn täglich.

Wir halten uns nun an der Fuhlsbüttler Straße rechts, gehen unter der Brücke durch und überqueren an einem Kreisverkehr den Wiesendamm.

Vor einem Outdoor-Kaufhaus machen wir mit Blick auf die gegenüberliegende Straßenseite Halt.

2 FUHLSBÜTTLER STRASSE: EHEMALIGES CAFÉ KÖNIG

Beim Blick über die Straße sehen wir einen zunächst recht unscheinbaren Bau, der heute eine Spielhalle („Novolino") beherbergt. Daran, dass hier einst junge Barmbeker zur Swingmusik tanzten, erinnert heute nichts mehr. Das Café König war ein Tanzlokal, das seit den 1930er Jahren zum Treffpunkt der Barmbeker Swing-Jugend wurde (Abb. 2).

Die Swing-Jugend bestand seit etwa Mitte der 1930er Jahre. Jugendliche, die angloamerikanischer Musik wie dem Swing und dem Jazz anhingen, hatten sich in verschiedenen Stadtteilen zu losen Cliquen zusammengeschlossen. Die Mädchen unter ihnen, für diese Zeit recht unschicklich, waren stark geschminkt und rauchten bisweilen in der Öffentlichkeit Zigaretten. Die Jungs, sogenannte Swing-Boys, fielen durch ihr mitunter schulterlanges Haar auf. Man kleidete sich im englischen Stil und traf sich in den Tanzlokalen der Stadt. Zwar gab es in Hamburg weitaus berühmtere Treffpunkte als das Café König – etwa das „Café Heinze" auf St. Pauli oder das „Faun Tanzcasino" am Gänsemarkt. Dennoch war der Besuch des Tanzlokals für die Barmbeker Swing-Jugend ein Erlebnis.

Das Café König fand sogar Einzug in die Literatur. So beschreibt der in Barmbek aufgewachsene Schriftsteller Ralph Giordano die Atmosphäre im „Café Kaiser", dem das Café König als Vorlage diente. Besonders der Tiger Rag hatte es dem Publikum angetan, berichtet der Erzähler des Romans „Die Bertinis": „Schon der erste Akkord entfesselte die Gäste, stachelte Angehörige beiderlei Geschlechts auf, zunächst frenetisch Beifall zu klatschen. Danach erkletterten sie Stühle und Tische des ganz in rot gehaltenen Café Kaiser, verfielen in Zuckungen, lallten, verdrehten die Köpfe orgiastisch, und es konnte geschehen, dass der Saal und seine Tanzfläche zu klein wurden für den Druck innerer Ekstase. Dann stürmte die jugendliche Gesellschaft die Pforte, riß sie sperrangelweit auf, dass die Musik weit hinausscholl auf die Straße, und taumelte einzeln oder zu Paaren, mit geschlossenen Augen und ungeachtet des Verkehrs, hinüber zum Barmbeker Bahnhof, wo ihr unartikulierter Lärm lange die Luft erfüllte."

Was die Swing-Jugend in solchermaßen ekstatische Zustände versetzte, galt den

2 CAFÉ KÖNIG, UM 1960

Nationalsozialisten als „Entartete Musik". Schon Ende 1935 durfte im deutschen Rundfunk keine Jazzmusik mehr gespielt werden. Ab 1938 war das Swingtanzen in der Öffentlichkeit strikt verboten. Der aufsässige Habitus der Swing-Boys und -Girls stand in krassem Gegensatz zur Hitlerjugend. Als die HJ-Mitgliedschaft ab 1939 zur Pflicht wurde, versuchten viele Swing-Jugendliche der Zwangsmitgliedschaft zu entgehen. Die Swing-Jugend war aber keineswegs eine organisierte Widerstandsgruppe. Erst die Nationalsozialisten machten die Mitglieder durch ihr Vorgehen gegen die Anhänger der „undeutschen" Musik zu Oppositionellen und erklärten sie zu Gegnern des Regimes. Von der Gestapo als „politisch gefährlich" eingestuft, wurden ab 1941 swingbegeisterte Jugendliche verfolgt. Es kam zu Schulverweisen oder gar mehrmonatiger Haft aufgrund „anglophiler Haltung" bzw. „Verächtlichmachung der Hitlerjugend". Die Repression gegen die Swing-Jugend steigerte sich in den kommenden Jahren noch weiter. 1943 war das Hören englischsprachiger Musik verboten, genauso wie das Hören als feindlich eingestufter Sender wie der BBC. Insgesamt wurden in den 1940er Jahren in Hamburg rund 400 junge Menschen, die der Swing-Jugend zugerechnet wurden, verhaftet und meist ins Gefängnis Fuhlsbüttel gebracht. Einige wurden von dort ins Konzentrationslager Neuengamme überführt.

Das Café König, unter Barmbekern zu dieser Zeit auch „Café King" genannt, wurde in den 1960er Jahren zum „Ballhaus Barmbek". Auch im Ballhaus wurde getanzt – wenn auch nicht mehr zum Tiger Rag. Heute kann das Publikum sein Vergnügen hier nur noch an Spielautomaten suchen.

Wir drehen uns um und gehen den Wiesendamm einige Meter weiter entlang. Linker Hand gelangen wir über den Bert-Kaempfert-Platz auf das Gelände des Museums der Arbeit. Hier machen wir unseren nächsten Halt.

ZWEIMAL KINDHEIT IN BARMBEK

„… so lernte ich Hans-Jürgen Massaquoi kennen, irgendwann 1932 in den Häuserschluchten Hamburg-Barmbeks bei einer ‚Kloppe', brachialen Kämpfen zwischen verfeindeten Straßenhorden, mein Gegenüber damals sechs, ich neun Jahre alt." So erinnerte sich Ralph Giordano (1923–2014) in seinem Nachwort zu Hans-Jürgen Massaquois (1926–2013) autobiografischen Kindheitserinnerungen „Neger, Neger, Schornsteinfeger" (1999).

Beiden gemeinsam war die Kindheit in Barmbek. Beiden gemeinsam waren auch die Diskriminierung und die Bedrohung unter den nationalsozialistischen Machthabern. Massaquoi, Sohn einer deutschen Mutter und eines liberianischen Vaters, war aufgrund seiner Hautfarbe aus der Gesellschaft jener Zeit ausgeschlossen, Giordano, Sohn eines italienischen Vaters aufgrund des jüdischen Glaubens seiner Mutter. Als Erwachsene schrieben beide über jene Kindheitsjahre. Massaquoi in seinem autobiografischen Bericht, Giordano in seinem autobiografischen Roman „Die Bertinis" (1982), in dem er die Geschichte seiner Familie aufarbeitete, die sich in einem Keller versteckte, als die jüdische Mutter von der Deportation bedroht war.

Gemeinsam ist den Autoren auch ihre journalistische Tätigkeit. Giordano führte in zahllosen Aufsätzen und Reden einen lebenslangen energischen Kampf gegen Rechtsradikalismus und Antisemitismus, sah sich am Ende seines Lebens aufgrund seiner Kritik an der in seinen Augen gescheiterten Integration von Muslimen und dem Bau der Kölner Zentralmoschee allerdings dem Vorwurf der Islamfeindlichkeit ausgesetzt. Während Giordano nach dem Zweiten Weltkrieg in Deutschland blieb, zog es Massaquoi fort. Nach einem Aufenthalt bei seinem Vater in Liberia fand er eine neue Heimat in den USA. Im Anschluss an das Studium arbeitete er für das Magazin „Ebony" – die Zeitschrift hatte das Ziel, das Selbstbewusstsein der afroamerikanischen Bevölkerung zu stärken, indem sie beispielsweise schwarze Models für große Unternehmen werben ließ. In seiner Zeit als Redakteur interviewte Massaquoi für Ebony so namhafte Persönlichkeiten wie die Bürgerrechtler Martin Luther King und Malcom X, den Boxer Muhammad Ali und den US-Präsidenten Jimmy Carter.

Spaziert man heute durch die Barmbeker Hufnerstraße, dann kommt man an einem Schild vorbei, das die Baugenossenschaft Dennerstraße 2008 aufstellen ließ. „Giordano-Stieg" ist da zu lesen, „zum Andenken an die Familie Giordano". Das rotbraune Schild zeigt in Richtung eines kleinen Fußgängerwegs, der durch eine Mietshausgruppe führt. In dieser Gegend hat die Familie einst gelebt. Darunter ein weiteres Schild mit der Aufschrift: „Dieses ist kein reguläres Straßenschild." Wenn die Neubauten am Barmbeker Bahnhof fertiggestellt sind, soll die Fläche, die zwischen ihnen entsteht, den Namen „Massaquoi-Passage" tragen. Vielleicht wird dieses Straßenschild dann ja ein offizielles sein. Jedenfalls trennen die beiden Schilder, die an Giordano und Massaquoi erinnern, im Stadtteil von beider Kindheit nur wenige Hundert Meter. Im echten Leben war es ein ganzer Ozean, und dennoch blieben die Autoren einander ein Leben lang verbunden.

3 MUSEUM DER ARBEIT

Wir befinden uns nun auf einem großen Platz, der von mehreren historischen Backsteinbauten eingefasst ist. Diese dienten einst als Fabrikgebäude der „New-York Hamburger Gummi-Waaren-Compagnie", die 1873 ihren Betrieb aufnahm. Begrenzt ist das Gelände durch die Poppenhu-

BARMBEK-NORD (DER SÜDEN)

3 „NEW-YORK HAMBURGER GUMMI-WAAREN-COMPAGNIE" (ZWISCHEN DEN BRÜCKEN RECHTS),
DAHINTER DER BARMBEKER BAHNHOF, UNTEN RECHTS DER LÖSCHPLATZ LÄMMERSIETH, OHNE JAHR

senstraße, die Maurienstraße, den Wiesendamm und den Osterbekkanal (Abb. 3). Bevor 1870 die Bebauung in Angriff genommen wurde, befanden sich hier Wiesen und Felder, die für die Landwirtschaft am Rande der Stadt genutzt wurden.

Inhaber der Fabrik waren Conrad Poppenhusen (1818–1883) und Johann Hinrich Wilhelm Maurien (1825–1882), an die noch die Namen der umliegenden Straßen erinnern. Ihr Betrieb war Anfang des 20. Jahrhunderts Barmbeks größter Arbeitgeber. Hier wurden Gegenstände aus Hartgummi hergestellt, einem der vielseitigsten Werkstoffe jener Zeit. Die Produktpalette reichte von Gebrauchsgegenständen wie Kämmen oder Mundstücken für Pfeifen über Industriewaren wie Isolatoren für die Elektroindustrie bis hin zu Kunstgegenständen. Zierende Schnallen und Schmuckanhänger etwa wurden aus dem vergleichsweise günstigen Material gefertigt, ja sogar Statuen stellte die „Compagnie" zeitweise her. Auch der Export der Gummiwaren spielte eine wichtige Rolle, wenn es auch keinen intensiven Handel zwischen Hamburg und New York gab, wie der Name vermuten lässt (Abb. 4).

Bis in die Jahre vor dem Ersten Weltkrieg wuchs das umgebende Wohngebiet förmlich an die Fabrik heran. Der austretende Gummigeruch war allerdings für die Anwohner eine unschöne Begleiterscheinung der Produktion. 1930 wurde die Fabrik mit einer Firma in Harburg vereinigt, der Standort Barmbek blieb jedoch bestehen. Während des Zweiten Weltkriegs verrichteten hier russische Gefangene Zwangsarbeit für die Rüstungsindustrie.

4 ANZEIGE DER NEW-YORK-HAMBURGER GUMMI-WAAREN-COMPAGNIE, 1892

1944 wurden Teile des Geländes derart zerstört, dass der Betrieb stillgelegt werden musste. Eine reibungslose Produktion kam nach Kriegsende nicht wieder so recht in Gang. In den 1950er Jahren wurden sowohl die Verwaltung als auch die letzten Abteilungen der Firma nach Harburg verlegt. Hier produzierte die weiterhin auf Gummi- und Kunststoffteile spezialisierte NYH AG bis 2009, dann verlegte sie ihren Standort nach Lüneburg. Neben maßgefertigten Teilen für die Automobil-, Luftfahrt- und Musikindustrie stellt die Firma bis heute Kämme aus Ebonit (Naturkautschuk) her, die sich wie seit 150 Jahren in zahlreichen Friseursalons und Haushalten finden.

Das Gelände der „Gummi-Waaren-Compagnie" in Barmbek wird heute für kulturelle Zwecke genutzt. So befindet sich hier seit 1997 das Museum der Arbeit (Abb. 5), das sich neben einer Dauerausstellung mit wechseln-

BARMBEK-NORD (DER SÜDEN)

5 MUSEUM DER ARBEIT

den Sonderausstellungen zur Technik-, Industrie- und Sozialgeschichte der Arbeit etabliert hat. Die Räumlichkeiten direkt nebenan werden seit vielen Jahren vom Restaurant „T.R.U.D.E" bewirtschaftet, in der ehemaligen Zinnschmelze (Abb. 6) befindet sich seit 1984 das gleichnamige Kulturzentrum. Die „Zinnschmelze" hat im Laufe der Jahre ein vielfältiges Programm entwickelt und ist zu einem wichtigen Ort für Kulturveranstaltungen und Begegnung im Stadtteil geworden. Hier wird u.a. gesungen, getanzt und Theater gespielt. Bis 2015 wurde die Zinnschmelze saniert und erhielt einen neuen Anbau. Ebenfalls im Gebäude befindet sich ein kleines Café und Restaurant. Im dazugehörigen Außenbereich kann man im Sommer den wunderbaren Blick über das historische Gelände genießen. Heute stört kein Gestank nach verbranntem Gummi mehr die Industrieidylle.

Entlang der Fuhlsbüttler Straße befand sich bis 1943 ein Gebäude, das es heute nicht mehr gibt: das Maurienstift. Die Einrichtung wurde Ende des 19.

BARMBEK-NORD (DER SÜDEN)

Jahrhunderts von der Witwe Johann Hinrich Wilhelm Mauriens gegründet. Vorrangiger Zweck der Stiftung war die Schaffung von Arbeiterwohnungen für die Belegschaft der Gummiwaren-Fabrik. Insgesamt entstanden rund achtzig Wohnungen, in denen neben kinderreichen Familien auch Witwen unterkommen konnten. Außerdem verfügte das Gebäude über einen Aufenthaltsraum für die Arbeiter und stand nicht zuletzt zahlreichen Rentnern offen, die ihren Dienst in der Fabrik verrichtet hatten. Auf diese Weise verbrachte manch ein Arbeiter sein halbes Leben auf dem Gelände der „Gummi-Waaren-Compagnie". Im Zweiten Weltkrieg brannte das Maurienstift nahezu komplett aus, das Grundstück wurde anschließend verkauft. Heute steht hier ein von der Telekom genutzter Neubau.

Noch eine weitere Besonderheit hat dieser Platz zu bieten. Schon von Weitem sticht ein stählerner runder Koloss ins Auge. Dabei handelt es sich um das Schneiderad eines Elbtunnel-Bohrers, das an dieser Stelle seinen Platz als industrielles Denkmal gefunden hat (Abb. 7). Von den Hamburgern wird es als „TRUDE" bezeichnet – das steht für „Tief Runter Unter Die Elbe". Die Vortriebsmaschine hatte ihren großen Einsatz zwischen 1997 und 2000, als mit ihrer Hilfe die vierte Röhre des neuen Elbtunnels von Waltershof bis Othmarschen gebohrt wurde. Das Schneidblatt hat einen Durchmesser von über 14 Metern und wiegt stolze 380 Tonnen. Seit 2001 kann es an dieser Stelle bestaunt werden.

6+7 ZINNSCHMELZE UND T.R.U.D.E

BARMBEK-NORD (DER SÜDEN)

Wir lassen die TRUDE nun zurück und bewegen uns in Richtung Kanal. Dort halten wir uns links und gehen den Osterbekweg ein Stück am Wasser entlang. Nachdem wir die stark befahrene Bramfelder Straße überquert haben, geht es weiter geradeaus in die Straße Lämmersieth. Nach einigen Metern zeigt rechter Hand ein Straßenschild den Alten Löschplatz an. Hier biegen wir ein und gelangen über eine Treppe auf eine freie Fläche direkt am Wasser.

4 ALTER LÖSCHPLATZ

Bis heute prägt der Osterbekkanal das Gesicht des Stadtteils. An dieser Stelle verbreitert er sich zu einem Becken. Bis Mitte des 19. Jahrhunderts war die Osterbek ein kleiner Bach, der sich durch das Dorf Barmbek schlängelte (Abb. 8), dann wurde sie ein wesentlicher Bestandteil des im Entstehen begriffenen Industriestandorts.

1863 begann man mit dem Ausbau – bis 1914 war in vier Etappen der Osterbekkanal entstanden (Abb. 9). Er zieht sich vom Langen Zug nahe der Außenalster bis hin zur Nordschleswiger Straße.

Die Osterbek war aber nicht nur unabdingbar für den Transport von Waren, sondern fungierte auch als Zollgrenze. Die Firmen, die sich an ihrem nördlichen Ufer ansiedelten, befanden sich von Hamburg aus ge-

8+9 DIE OSTERBEK VOR UND NACH DEM AUSBAU ZUM KANAL

BARMBEK-NORD (DER SÜDEN)

10 „WATERFRONT OSTERBEK"

sehen im Zollausland. Dieser Umstand machte den Baugrund in diesem Bereich zu einem sehr attraktiven Standort für Betriebe – wie beispielsweise die „New-York Hamburger Gummi-Waaren-Compagnie".

An unserem Standort nahe der Straße Lämmersieth befand sich seit Beginn des 20. Jahrhunderts ein Löschplatz. Hier wurden die Waren, die auf Schuten über den Kanal geschippert wurden, an Land gebracht und auf Pferdefuhrwerke verladen. Aus dieser Zeit sind noch heute etwas versteckt am Wasser zwei Poller erhalten, an denen einst die Schuten festgemacht wurden. Viele Jahre befand sich hier eine Freifläche, die bei Anglern beliebt war und nur durch vereinzelte kleine Bauten verstellt wurde. 2002 wurden diese zugunsten einer Neubebauung für recht exklusives Wohnen am Wasser abgebrochen. Inzwischen ist hier die „Waterfront Osterbek" entstanden. Angesichts der modernen Bebauung erinnert nichts mehr daran, dass sich hier einst ein Weideplatz für Lämmer befand, wovon aber noch heute der Name der Straße Lämmersieth zeugt.

Neben einem Seniorenzentrum sind hier am Kanal drei Hochhäuser mit je 13 Eigentumswohnungen nach Entwürfen des Münchner Architek-

BARMBEK-NORD (DER SÜDEN)

11 „BOOTSHÄUSER"

turbüros Fink + Jocher und der Hamburger Architekten Klindworth Kramer Siemer entstanden (Abb. 10). In direkter Nachbarschaft wurden vier sogenannte Bootshäuser gebaut, jeweils zwei Parteien teilen sich eines der kubischen Stadthäuser mit Blick aufs Wasser (Abb. 11) – eine Hafencity im Miniaturformat gewissermaßen. Diese Bebauung am Kanal ist ein gutes Beispiel für die Entwicklung Barmbeks seit dem 19. Jahrhundert: Vom einstigen Bauerndorf hin zum städtischen Industriestandort hat sich der Stadtteil nun zum attraktiven Wohnviertel gewandelt. An die einstige Funktion dieses Ortes erinnert auch hier nur der Name der Straße: Alter Löschplatz.

Wir gehen zurück auf die Straße Lämmersieth und folgen ihr bis zur nächsten Kreuzung an der Krausestraße. Diese überqueren wir und halten uns rechts. Nach wenigen Metern führt linker Hand, noch vor der Brücke über den Kanal, ein Weg durch eine Grünanlage entlang der Osterbek. Über diesen Weg gelangen wir in die Adlerstraße.

BARMBEK-NORD (DER SÜDEN)

 ADLERSTRASSE

Hier in der Adlerstraße zeigt Barmbek sein grünes Gesicht. Nur die linke Straßenseite ist bebaut. Rechter Hand führt eine kleine Parkanlage am Kanal entlang, der sich hier zunehmend auf die Breite eines Bachs verengt (Abb. 12). Etwa auf Höhe des Kranichwegs machen wir mit Blick auf die Osterbek Halt.

Früher muss es in dieser Gegend ziemlich gestunken haben. Denn direkt am gegenüberliegenden Ufer der Osterbek am Alten Teichweg befand sich bis 1939 eine Müllverbrennungsanlage.

Trauriger Anlass für die Errichtung der Anlage war die große Hamburger Cholera-Epidemie von 1892. Erst diese Katastrophe bewegte die Stadt zum Handeln, um den desaströsen hygienischen Verhältnissen ein Ende zu bereiten. Seit 1896 war die Müllverbrennungsanlage am Bullerdeich in Betrieb, doch sie reichte für den Müll der wachsenden Großstadt nicht aus, sodass es in den nördlichen Stadtvierteln an einer geregelten Entsorgung mangelte. Bis dato hatte man Plätze nahe der Stadtgrenze gepachtet und den Müll dort abgeladen. Jedoch beschwerten sich die Bauern, denn immer wieder tauchten auf den Feldern und Äckern Abfallreste auf. Seit Beginn des 20. Jahrhunderts stand deshalb die Planung für eine weitere Müllverbrennungsanlage im Raum, und schnell war der Bauplatz am Alten Teichweg beschlossene Sache. Über die Proteste der Bürger sah die Baudeputation hinweg, zu vieles sprach für den Stand-

12 DIE OSTERBEK ENTLANG DER ADLERSTRASSE

BARMBEK-NORD (DER SÜDEN)

13 WOHNBLOCK ADLERSTRASSE

ort: Durch den Osterbekkanal war ein Wasseranschluss gegeben, das Gebiet war unbebaut und obendrein bereits in städtischem Besitz. Konzipiert wurde die Anlage für den Müll von 500 000 Menschen. Die Kapazitäten waren mit Blick in die Zukunft geplant, denn in den Anfangsjahren wurde am Alten Teichweg der Abfall von weitaus weniger Haushalten vernichtet.

1912 nahm die Anlage schließlich ihren Betrieb auf. Die Verbrennungsanstalt wurde von zwei über fünfzig Meter hohen Schornsteinen überragt. Außerdem befanden sich auf dem Gelände ein Lagerplatz, Abstellflächen sowie Büro- und Aufenthaltsräume für die Belegschaft. 24 Stunden lang wurde hier in drei Schichten gearbeitet, zwölf Öfen verbrannten den Müll Barmbeks, aber auch weiterer Stadtteile wie Uhlenhorst, Eppendorf und Eimsbüttel. In finanzielle Schwierigkeiten gerieten die Hamburger Müllverbrennungsanlagen während des Ersten Weltkriegs. Die Versorgung wurde schlechter, Verwertbares umso wertvoller. Brennbares Material

BARMBEK-NORD (DER SÜDEN)

sortierten die Menschen nun aus, um damit ihr eigenes Zuhause zu beheizen. An diesem Brennmaterial aber mangelte es jetzt in den Anlagen – sie mussten zusätzliche Heizstoffe einsetzen.

Obwohl man zahlreiche Vorkehrungen getroffen hatte und auch technische Neuerungen zum Einsatz kamen, um die Bevölkerung vor den negativen Begleiterscheinungen der Verbrennung zu schützen, machten sich diese alsbald recht deutlich bemerkbar. Was blieb, waren Rauch und Staub. Und dies war besonders nachteilig, handelte es sich doch bei der Barmbeker Bevölkerung in großen Teilen um Arbeiter, die in den Fabriken und Betrieben ohnehin immerzu ungesunden Ausdünstungen ausgeliefert waren. Nun mussten sie die schlechte Luft auch noch nach Feierabend ertragen. 1939 hatte es mit der Dreckschleuderei ein Ende. Die Müllverbrennungsanlage am Alten Teichweg galt als veraltet und wurde stillgelegt. Den Dienst übernahmen modernere Anlagen in der Borsigstraße und im gerade neu nach Hamburg eingemeindeten Altona.

→ ABSTECHERTIPP
KIRCHE ST. FRANZISKUS

Wer nun einen kurzen Abstecher machen möchte, geht an dieser Stelle in den Kranichweg zurück auf die Straße Lämmersieth. Hier befindet sich die 1927 erbaute römisch-katholische St. Franziskus-Kirche (Architekten Bensel & Kamps). Unmittelbar vor der Kirche befindet sich eine Skulptur des Namensgebers Franz von Assisi. Leicht gebeugt spricht er zu den Vögeln und erstrahlt dabei in so weißer Farbe, dass er auch bei Dunkelheit sichtbar bleibt.

Wir folgen jetzt der Adlerstraße ein Stück weiter und gelangen zu einem auffälligen Wohnblock, der sich über vier Straßen erstreckt: Lämmersieth, Wachtelstraße, Adlerstraße und Dohlenweg. Er wurde 1926/27 von den Architekten Ernst und Eduard Theil erbaut und fällt durch seinen vielfältigen Fassadenschmuck ins Auge. Ganz im Stil der 1920er Jahre besteht er aus dunklem Backstein (Abb. 13). Besonders an den rund gehaltenen Haus-

BARMBEK-NORD (DER SÜDEN)

14 EINGANG MIT TERRAKOTTEN

ecken sind einige Steine gelb und grün glasiert, was dem Bau eine ornamentale Schmuckwirkung gibt. Kunst am Bau ziert auch die Eingänge: Unter jedem ihrer Rundbogen befinden sich Terrakotten von Richard Kuöhl (1880–1961, Abb. 14). Florale und figürliche Plastiken im expressionistischen Stil schmücken den Bau zu allen vier Seiten. Es lohnt sich, eine kurze Runde um den gesamten Gebäudekomplex zu drehen.

Am Ende der Adlerstraße, die hier zu einem schmalen Fußgängerweg wird, sehen wir auf ein großes Gebäude, die heutige Schule Lämmersieth.

6 SCHULE LÄMMERSIETH

Von unserem Standort aus sehen wir auf die rückwärtige Seite der ehemaligen „Öffentlichen Volksschule Amalie-Dietrichs-Weg". Wie auch die Volksschule Langenfort (vgl. Tour 1) entstand dieses Schulgebäude im Rahmen des Volksschulbau-Programms zu Zeiten der Weimarer Republik. Im Auftrag der Stadt Hamburg wurde sie 1928/29 nach Plänen von Fritz Schumacher erbaut. Entlang der Adlerstraße erstreckt sich eine Turnhalle. Gemeinsam mit dem fünfgeschossigen Schulhaus umrahmt sie den Pausenhof hin zur Straße Lämmersieth. Ein Treppenhausturm im Winkel der beiden Bauten strukturiert das Ensemble. Auch hier wird die Zweckmäßigkeit der Schulbauten jener Zeit deutlich. Der Platzbedarf stieg, und Schumacher wählte kubische Baukörper, die baukastengleich

15 SCHULE LÄMMERSIETH, UM 1930

ineinandergriffen (Abb. 15). Folge davon war der Bau eines Flachdachs – zu teuer wäre der Bau eines Steildachs über die gesamte Breite des Gebäudes gewesen. Das heutige Dach wurde Anfang der 1980er Jahre erneuert.

Der Schulbau reichte einst bis fast an den Osterbekkanal heran. Heute werden der Wasserlauf und das Gebäude durch einen Weg und eine Grünfläche voneinander getrennt. Der Kanal wurde nach dem Zweiten Weltkrieg – als man Kriegstrümmer ins Kanalbett schüttete – erheblich verschmälert.

Am Elise-Lensing-Weg, der uns nun linker Hand am Gebäude entlangführt, lässt sich noch heute eine Plastik von Richard Kuöhl aus dem Jahr 1929 betrachten. Sie zeigt ein Mädchen mit Krug auf einem gemauerten Brunnen. Das Kunstwerk steht in einer Loggia an der seitlichen Wand der Turnhalle. Leider ist die Plastik durch zahlreiche Schmierereien verunziert und macht einen ungepflegten Eindruck.

BARMBEK-NORD (DER SÜDEN)

Ein weiteres Werk Kuöhls ist bei Betreten des Schulhofs über der Turnhalle zu entdecken. Es handelt sich um einen Keramikfries, der zwei kämpfende, von einem Bogenschützen bzw. einem Speerwerfer eingerahmte Ziegenböcke zeigt. Im Auftrag einer „Senatskommission für Kunstpflege" entstanden in der Zeit der Weimarer Republik in Zusammenarbeit mit Fritz Schumacher 24 Wandbilder in und an Hamburger Staatsbauten (vgl. hierzu Tour 3, S. 80). Eines dieser Wandbilder entstand 1930 über einer Tür im Vorraum der Turnhalle im Inneren des Gebäudes. Der Künstler Willem Grimm (1904–1986) schuf dort ein mehrfarbiges Stillleben aus Turngeräten, in dessen Mitte sich das Bild einer antiken Büste befand. Während der NS-Zeit wurden die Wandbilder abgeschlagen, übermalt oder mit Leim beschmiert, weil sie nicht zum nationalsozialistischen Kunstverständnis passten. Inzwischen konnte das einst übermalte Kunstwerk zumindest teilweise wieder freigelegt werden.

An der hofseitigen Fassade des Schulgebäudes findet sich außerdem ein aus Klinkern gefertigtes Hamburg-Wappen (Abb. 16) – der Schulbau hatte den Zweiten Weltkrieg weitestgehend unbeschadet überstanden. So konnte hier der Schulbetrieb noch im Jahr 1945 wieder aufgenommen werden. Ein Neubau mit weiterem Schulhof in Richtung Habichtstraße entstand zu Beginn der 1960er Jahre. Am Lämmersieth direkt auf der gegenüberliegenden Straßenseite befindet sich die St.-Bonifatius-Kirche,

16+17 HAMBURGER WAPPEN AUS BACKSTEIN AN DER SCHULFASSADE UND ST.-BONIFATIUS-KIRCHE

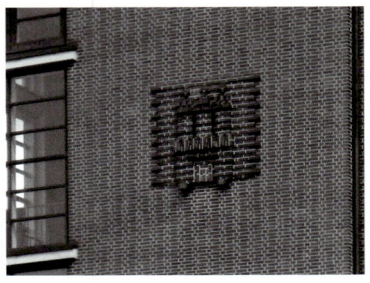

BARMBEK-NORD (DER SÜDEN)

18 STRASSENFASSADE DES SENIORENHEIMS DER KÖSTER-STIFTUNG

deren Bau eher an ein schlichtes Wohn- als an ein Gotteshaus erinnert (Abb. 17). Hier steht ein solitärer zeltförmiger Glockenturm aus Holz.

An diesem Glockenturm vorbei gehen wir nun durch einen begrünten Bereich mit Spielplatz. Geradeaus führt uns im Anschluss der Arnemannweg in die Meisenstraße. In der Meisenstraße angekommen, halten wir uns rechts und gelangen nach wenigen Metern zu einem großen Eckgebäude auf der linken Straßenseite.

 KÖSTER-STIFTUNG

Wir stehen nun vor einem Seniorenheim der Köster-Stiftung. Der Bau wurde 1932 nach Entwürfen von Paul A.R. Frank fertiggestellt. Wie beim Laubenganghaus Heidhörn (vgl. Tour 1) haben wir auch hier ein klassisches Beispiel für den Typus des Laubenganghauses vor uns. Die Gänge ziehen sich entlang der Meisenstraße und der Habichtstraße über die gesamte Gebäudeseite, an den Brüstungen sind weiße Keramikplatten angebracht (Abb. 18). Frank sah im Laubenganghaus die perfekte Architektur für das Leben im Alter. Die Wohnform sollte es erlauben, dass jeder Bewohner seinen privaten Bereich in Anspruch nehmen könnte und dennoch Teil einer Gemeinschaft sein.

Das Heim geht auf eine Stiftung aus dem 19. Jahrhundert zurück, die Heinrich und Caroline Köster Testament-Stiftung. Das Ehepaar hatte in seiner Nachlassverfügung die Stiftungssumme von einer Millionen Goldmark festgelegt. Das Geld sollte der Errichtung von Wohnraum für alte Menschen, aber auch für bedürftige kinderreiche Familien dienen, die so zu einer möglichst geringen Miete an eine passende Wohnung gelangten.

Nahe der Johanniskirche in Eppendorf hatte Heinrich Köster noch zu Lebzeiten 16 kleine Häuser erbauen lassen, die günstig vermietet wurden. Als die Stadt Hamburg die Straße verbreitern wollte, mussten die Häuser weichen. Köster ließ sich davon aber nicht entmutigen und baute in Eppendorf eine neue Häuserzeile. Parallel dazu entstand nun das ganz ähnliche Bauprojekt in Barmbek. Insgesamt 25 Reihenhäuser wurden errichtet, die den Zweiten Weltkrieg jedoch nicht überdauerten.

1929 wurde mit dem Bau der Seniorenanlage begonnen, 1932 konnte sie an die Bewohner übergeben werden. Die bis zu 38 Quadratmeter großen Wohnungen galten als äußerst modern, der Raum wurde optimal ausgenutzt. Der Zweite Weltkrieg hinterließ aber auch hier seine Spuren. 1943 wurde das Gebäude vor allem im obersten Stockwerk stark beschädigt und erst in den 1950er Jahren wieder aufgebaut. Seither ist die Anlage immer wieder modernisiert und in den 1980er Jahren zudem um einige Neu- und Anbauten erweitert worden. Inzwischen gibt es hier über 300 Wohnungen. Das Laubenganghaus steht seit 1981 unter Denkmalschutz.

Das Wohnen an der Habichtstraße dürfte allerdings auch in der Stiftungsanlage nicht gerade ruhig sein. Tag und Nacht fließt hier der Verkehr über den Ring 2. Ob die Laubengänge an dieser Seite des Hauses wohl genutzt werden?

BARMBEK-NORD (DER SÜDEN)

19 TECHNIKER KRANKENKASSE

An der Kreuzung Meisenstraße/Habichtstraße halten wir uns links und gehen ein Stück die stark befahrene Habichtstraße entlang.

8 TECHNIKER KRANKENKASSE

Auf der gegenüberliegenden Straßenseite sehen wir sogleich einen modernen Bau, der sich im Grundriss parallel an die Habichtstraße anschließt. Es handelt sich dabei um die Hamburger Zentrale der Techniker Krankenkasse. Das Gebäude erstreckt sich bis an die Kreuzung Bramfelder Straße, wo auch der Haupteingang der Versicherung liegt. Der Komplex entstand nach Entwürfen der Hamburger Architekten Schweger & Partner zwischen 1983 und 1997 in drei Bauabschnitten. Ursprünglich war der Bau für rund 500 Mitarbeiter geplant. Mit der deutschen Wiedervereinigung stieg die Mitgliederzahl der Krankenkasse zu Beginn der 1990er Jahre allerdings von etwa 1,6 Millionen auf über 5 Millionen Versicherte. Nun wurden erheblich mehr Mitarbeiter benötigt und damit auch mehr Platz. Das Gebäude wurde durch einen Anbau vergrößert.

BARMBEK-NORD (DER SÜDEN)

20 MARGARINEFABRIK VOSS

Die Fassade zur Habichtstraße hin ist mit rotem Backstein verkleidet, der mit modernen weißen Sprossenfenstern kombiniert wurde. Auf diese Weise soll sich der Bau in die für Barmbek typischen Backsteinbauten eingliedern. Der Haupteingang an der Bramfelder Straße erinnert an ein Gewächshaus. Glas und Aluminiumverstrebungen sind die dominierenden Materialien (Abb. 19). Das so erzeugte luftige und lichte Erscheinungsbild lässt sich als bauliche Entsprechung der Geschäftsgrundlage der Versicherung verstehen: Gesundheit und Technik. Im Hamburger Architektur-Jahrbuch von 1990 wurde der preisgekrönte Bau gar als „Gesamtkunstwerk für Barmbek" bezeichnet.

Doch ist die Verwaltung der Techniker Krankenkasse nicht das erste Gebäude, das auf dem Gelände errichtet wurde. An der Ecke Habichtstraße/Bramfelder Straße gegenüber einer Tankstelle steht ein Bau ganz anderer Art. Zur Kreuzung hin erstreckt sich hier ein kleiner Komplex,

BARMBEK-NORD (DER SÜDEN)

der wiederum aus zwei unterschiedlichen Bauabschnitten besteht. Es handelt sich dabei um die letzten Überreste der ehemaligen Hamburger Margarine-Werke von Hinrich Voss, in deren Hintergrund wir noch Teile der 1910 erbauten Fabrikhalle erkennen können. Auffallend ist die weiß glasierte Ziegelfassade, die zusammen mit dem Backstein ein kontrastreiches Muster bildet (Abb. 20).

Im Vordergrund direkt daran anschließend befindet sich ein Kopfbau aus den Jahren 1925/26. Besonders im Eingangsbereich fällt der Bauschmuck im Stile des Art déco ins Auge (Abb. 21+22). Darüber erhebt sich ein Turm, an dessen Front unter einer Uhr die Plastik eines Kuhkopfes angebracht ist. Dass das Haupt des Tieres als „künstliche Kuh" einen Bezug zur „künstlichen Butter" – Margarine – herstellen soll, ist eine naheliegende Vermutung.

Hinrich Voss betrieb seine Fabrik bereits seit 1904, damals noch in der Humboldtstraße. Ab 1909 wurde der Butterersatz hier an der Habichtstraße hergestellt. Im Volksmund wurde die Fabrik „Butter Voss" genannt, ersetzte das künstliche Fett doch die teure Butter. Gerade hier, im einkommensschwachen Stadtteil Barmbek, erfreute sich die Margarine als Ersatzmittel einiger Beliebtheit. Mit dem Ersten Weltkrieg begann ein regelrechter Margarine-Boom. Butter war kostbar, für Hinrich Voss zahlte sich das aus.

1979 schloss die Margarine-Fabrik für alle Zeiten ihre Pforten. In den Folgejahren wurde das Gebäude als Lager genutzt, bis es dem Neubau der Techniker Krankenkasse weichen musste. Einzig der denkmalgeschützte Eingangsbau ist bis heute erhalten. Kleine Plastiken neben der

21+22 ART-DECO-BAUSCHMUCK AM EINGANG

Tür erinnern noch heute an die ehemalige Funktion des Baus: ein Arbeiter und ein Kaufmann der Margarinefabrik.

Auf der gegenüberliegenden Straßenseite erblicken wir den Bau einer Hotelkette. Wir überqueren die Straße in diese Richtung und machen hier unseren nächsten Halt.

BUNKER IN BARMBEK

Heute wirken sie auf den Betrachter meist abweisend und grau, doch im Zweiten Weltkrieg waren Luftschutzbunker lebensrettende Bauten. Wer es schaffte, sich bei Fliegeralarm in einen der Hoch-, Tief- oder Rundbunker zu retten, hatte die Chance, den Bomben zu entkommen. Doch konnten die Bunker in jener Zeit auch zum Grab werden, wie 1943 in der Hamburger Straße. In Bunkern unter dem damaligen Kaufhaus Karstadt verloren während der „Operation Gomorrha" 370 Menschen ihr Leben. Seit 1985 erinnert ein Mahnmal an das Ereignis. Auch die noch existierenden Luftschutzbauten sind, selbst wenn sie teils gut ins Stadtbild integriert sind, Mahnmale gegen den Krieg.

Die Zahl der Bunker in der Hansestadt wird auf insgesamt 700 geschätzt. Die meisten dieser Bauten fallen uns aber gar nicht weiter auf, denn sie liegen unter der Erde. Nur ihre über der Erde aufragenden Pendants fallen dem aufmerksamen Betrachter ins Auge. Längst nicht alle Bunker befinden sich in städtischem Besitz, viele sind in privater Hand. In Zeiten der Wohnungsknappheit werden auch die Bunkergrundstücke, mitunter gar die Bauten selbst, zu begehrten Objekten auf dem Immobilienmarkt.

So ist etwa ein Bunker in der Humboldtstraße in Barmbek-Süd aufgestockt und mit Penthouse-Wohnungen bestückt worden. Dasselbe geschah im Eilbeker Weg. Zwölf Wohnungen und ein Penthouse samt Dachterrasse wurden nach Sprengungen im Inneren in den Bunker hineingebaut. Gemütliches Wohnen im Bunker – ein wenig seltsam mutet es an, aber schließlich will jede Fläche sinnvoll genutzt sein. Noch nicht

BARMBEK-NORD (DER SÜDEN)

entschieden ist dagegen das Schicksal des Bunkers in der Habichtstraße in Barmbek-Nord. Bisher hat sich noch kein Architekt gemeldet, der sich an einer Umnutzung des Betonriesen versuchen möchte. Wahrscheinlich wird der Bau abgerissen – was für die Ohren der Nachbarschaft einer Zerreißprobe gleichkommt – und das Gelände schlichtweg neu bebaut.

Eine historisch bedeutsame Nutzung hatte einige Zeit lang der Bunker in der Bramfelder Straße. Hier befand sich ein Luftschutzmuseum in gänzlich realer Umgebung. Der Besucher konnte Zeuge der Enge in den Luftschutzbunkern werden, die im Zweiten Weltkrieg geschaffen und im Zuge des Kalten Krieges modernisiert wurden. Das Museum ist verschwunden, der Bunker steht noch immer als geduldiges Denkmal inmitten der Wohnbebauung.

Die meisten der Hamburger Hochbunker sind mehrgeschossig auf quadratischem oder rechteckigem Grundriss erbaut. Eine Ausnahme bilden die Rundbunker, die vergleichsweise anheimelnd wirken und sich architektonisch ihrer Umgebung anpassten. Ein solches Exemplar befindet sich auf dem Bert-Kaempfert-Platz zwischen dem Museum der Arbeit und dem Barmbeker Bahnhof. Der rote Backsteinbau mit Spitzdach würde glatt wie ein Wohnhaus wirken, wären da nicht der kreisrunde Grundriss und die fast fensterlose Fassade. Rundbunker gab es viele in der Hansestadt, und einige sind erhalten, so etwa nahe der U-Bahn-Station Baumwall an der Elbe und nahe dem Dammtor-Bahnhof.

Wenn wir eine Runde um den Barmbeker Rundbunker drehen, wird über einer Tür die steinerne Plastik eines Adlers sichtbar, der ursprünglich ein Hakenkreuz in seinen Fängen hielt. Das Hakenkreuz ist längst entfernt, der Bunker wird nicht mehr als Bunker genutzt. Seit einigen Jahren plante die Geschichtswerkstatt Barmbek, ein Stadtteilmuseum in diesem Bau unterzubringen. Der Plan wurde leider bisher nicht umgesetzt. Dies wäre aber eine sinnvolle Nutzung für den seines Zweckes glücklicherweise beraubten Baus, der in seiner Funktion als Mahnmal von diesem Ort nicht wegzudenken ist.

9 EHEMALIGER HABICHTSHOF

Ziemlich laut ist es hier an der Kreuzung Habichtstraße/Bramfelder Straße. Man möchte kaum glauben, dass in dieser Gegend einst Landwirtschaft betrieben wurde, aber die Bramfelder Straße ist eine jahrhundertealte Verbindung zwischen zwei ehemaligen Dörfern – Barmbek und Bramfeld. Seit 1862 trägt der einstige Handelsweg den heutigen Namen.

An der Straßenecke befand sich ab Ende des 19. Jahrhunderts das Wohnhaus der Bauernfamilie Dreckmann. Diese hatte ihren Hof von der Hufnerstraße hierher verlegt. Einzig die teils überwachsenen Eingangspforten erinnern noch an die damalige Zeit. Am Eingang an der Habichtstraße kann man bis heute den Namen des Hofs lesen: Habichtshof.

Der Habichtshof entsprach nicht dem klassischen Bild eines bäuerlichen Anwesens. Vielmehr hatte das dreigeschossige Gebäude eine villenartig anmutende Architektur mit einem Turm in Richtung der heutigen Straßenkreuzung. Im Laufe der folgenden Jahrzehnte wuchs die Wohnstadt Barmbek immer näher an den Hof heran. Der Erste Weltkrieg brachte die Bauernfamilie in finanzielle Schwierigkeiten, denn die hungernde Bevölkerung bediente sich nun auf den Feldern der Bauern, sodass der landwirtschaftliche Betrieb bereits in den 1920er Jahren eingestellt werden musste. Allerdings hatten die Dreckmanns eine weitere lukrative Einnahmequelle: Sie bauten auf dem eigenen Grund Mietshäuser.

Der Zweite Weltkrieg richtete starke Zerstörungen am Wohnhaus der Bauernfamilie an, bis in die 2000er Jahre stand allerdings zumindest ein Teil des Gebäudes noch an dieser Stelle. Obergeschoss und Turm waren hingegen verloren gegangen. 2008 wurde dann schließlich auch der Rest des Habichtshofs abgebrochen. Nachdem das Grundstück einige Zeit brachlag, hat auf dem Gelände 2014 das Hotel einer französischen Kette eröffnet.

Auf der gegenüberliegenden Seite der Habichtstraße biegen wir nun in die Hellbrookstraße ein. Rechter Hand kommt bald eine Kirche in Sicht.

BARMBEK-NORD (DER SÜDEN)

23 AUFERSTEHUNGSKIRCHE

Hier an der Ecke zur Straße Tieloh blicken wir nun auf die Auferstehungskirche.

10 AUFERSTEHUNGSKIRCHE, GEMEINDEHAUS UND SCHULE AM TIELOH

Die evangelische Auferstehungskirche am Tieloh wurde zwischen 1916 und 1920 nach Entwürfen des Architekten Camillo Günther (1881–1958) erbaut. Ein an die Kirche anschließendes Gemeindehaus entstand 1927. Der Bau fällt besonders durch eine kuppelartige Dachhaube auf. Als Wahrzeichen des Kirchbaus sollte der Turm nicht durch Höhe, sondern vielmehr durch seine Masse überzeugen (Abb. 23).

Die ersten Gotteshäuser waren in Barmbek erst zu Beginn des 20. Jahrhunderts entstanden. Bis ins 17. Jahrhundert gehörte die Barmbeker Bevölkerung zur Gemeinde von St. Jacobi, später besuchten die Barmbeker

BARMBEK-NORD (DER SÜDEN)

24+25 BAUSCHMUCK VON RICHARD KUÖHL

die Kirche in St. Georg und seit den 1880er Jahren die St.-Gertrud-Kirche in Hohenfelde/Uhlenhorst. Für den Gottesdienst mussten die Gläubigen weite Wege zurücklegen. Mit der Verstädterung Nord-Barmbeks und dem damit einhergehenden Bevölkerungswachstum wurde schließlich der Wunsch nach einer Kirche in näherer Umgebung laut. Als 1913 das Grundstück zwischen Tieloh und Hellbrookstraße zur Verfügung stand, wurde ein Wettbewerb ausgelobt, den der 33 Jahre junge Architekt Günther für sich entschied. Nach der Grundsteinlegung drei Jahre später ging der Bau während des Ersten Weltkriegs allerdings nur langsam vonstatten. Das Ergebnis konnte sich indes sehen lassen: Ein Backsteinbau mit regionaltypischer Anmutung auf teils rundem Grundriss war entstanden, das glockenförmige Dach wurde durch eine zartgrün patinierte Laterne gekrönt.

An der zum Tieloh hin gelegenen Seite der Kirche ist Bauschmuck von Richard Kuöhl zu entdecken. Hier blicken dem Besucher die Köpfe von Martin Luther und Philipp Melanchthon entgegen (Abb. 24). Im Giebel des Baus findet sich eine detailreiche Uhr. Das Zifferblatt ist von den Symbolen der zwölf Tierkreiszeichen umgeben (Abb. 25).

Von den Luftangriffen im Zweiten Weltkrieg, die große Teile Barmbeks in Schutt und Asche legten, blieb die Auferstehungskirche verschont. Nur

BARMBEK-NORD (DER SÜDEN)

das Gemeindehaus wurde Opfer der Bomben und musste wieder aufgebaut werden. Heute zeigt sich die Kirche mit ihren Anbauten als einheitliches Gesamtensemble. Dies trifft auch auf die an das Kirchengelände anschließende Schule am Tieloh zu. Sie wurde zwischen 1912 und 1914 nach Plänen Fritz Schumachers erbaut. Das für seine Erbauungszeit typische Schulgebäude ist besonders wegen seines Bauschmucks sehenswert.

Wir gehen die Straße Tieloh nun bis zum Ende, wo sie auf die Habichtstraße trifft. Direkt gegenüber haben wir den Endpunkt unseres Spaziergangs, den U-Bahnhof Habichtstraße, erreicht. Für einen märchenhaften Abschluss der Tour sorgt ein Blick zurück in Richtung Schulgebäude. Sechs Keramikfiguren von Richard Kuöhl aus dem Jahre 1914 schmücken das obere Stockwerk. Wer genau hinsieht, erkennt hier unter anderem Eulenspiegel, den Rattenfänger, Rübezahl und eine Hexe.

ADRESSEN TOUR 2

CAFÉS / RESTAURANTS

Alexandros
Bramfelder Straße 87 A
www.alexandros-restaurant.de
→ *gute griechische Küche*

Barmbek Express
Pestalozzistraße 17
→ *klassische Kneipe mit Barmbeker Charme*

Café Herzstück
Pestalozzistraße 20
www.herzstueck-hh.de
→ *gemütliches Café mit Mittagstisch*

Croque Star
Fuhlsbüttler Straße 104
→ *netter junger Laden für Croques und Co.*

Gelateria Buon Gusto
Fuhlsbüttler Straße 116
→ *bestes italienisches Eis*

Lezzet
Fuhsbüttler Straße 144
www.lezzet-hamburg.de
→ *einfache, leckere türkische Küche*

Lütt Liv
Maurienstraße 19
www.luettliv.de
→ *schönes Restaurant und Café mit Sommergarten im Kulturzentrum Zinnschmelze*

Meisennest
Wachtelstraße 55
→ *nette kleine Barmbeker-Eckkneipe*

Morgenland
Pestalozzistraße 19
www.morgenland-restaurant.de
→ *junge orientalische Küche, unbedingt empfehlenswert: Pide*

Saigon Café
Fuhlsbüttler Straße 128
www.saigoncafe.de
→ *gute vietnamesische Küche und Sushi*

Trude
Maurienstraße 13–15
www.trude-hh.de
→ *Restaurant in den ehemaligen Produktionsräumen der New-York Hamburger Gummi-Waaren-Compagnie*

Ustam Cafe
Fuhlsbüttler Straße 92
→ *sehr guter türkischer Imbiss mit wechselnden Speisen*

LÄDEN

Buchhandlung Ulrich Hoffmann
Fuhlsbüttler Straße 106
www.buch-hoffmann.de
→ *individuelles, breites Buchsortiment, seit über dreißig Jahren in Barmbek*

Fahrrad Diedrich
Fuhlsbüttler Straße 132
www.fahrrad.de/haendler/
max-diedrich-hamburg-1648.html
➜ *sehr gutes Fachgeschäft mit nettem Service*

Fische Faerber
Fuhlsbüttler Straße 44
➜ *alteingesessener Fischladen nahe dem Barmbeker Bahnhof*

Fische Giesler
Fuhlsbüttler Straße 137
➜ *große Fisch-Auswahl, auch Mittagstisch*

Globetrotter
Wiesendamm 1, www.globetrotter.de
➜ *Outdoor-Kaufhaus auf fünf Etagen*

Lunge – Der Laufladen
Fuhlsbüttler Straße 29
www.lunge.de
➜ *spezialisiertes Sportfachgeschäft, alles rund ums Laufen*

Trang Asia Supermarkt
Fuhlsbüttler Straße 129
➜ *gut sortiertes asiatisches Lebensmittelgeschäft*

Wochenmarkt Wiesendamm
Bert-Kaempfert-Platz
www.hamburg.de/wochenmarkt-hamburg
➜ *Dienstag 8.30 bis 13 Uhr und Freitag 14 bis 18 Uhr*

FREIZEIT / SPORT

SC Urania von 1931 e.V.
Habichtstraße 14
www.scurania.de
➜ *Breitensport seit über achtzig Jahren*

KULTUR

Bücherhalle Barmbek
Poppenhusenstraße 12
www.buecherhallen.de/barmbek
➜ *Bücherleihe seit über hundert Jahren*

Geschichtswerkstatt Barmbek
Wiesendamm 25
www.geschichtswerkstatt-barmbek.de
➜ *Archiv, Rundgänge und Ausstellungen rund um den Stadtteil*

Museum der Arbeit
Wiesendamm 3
www.museum-der-arbeit.de
➜ *sehr profiliertes Museum zum Thema Arbeit in einer sich wandelnden Welt*

Zinnschmelze
Maurienstraße 19
www.zinnschmelze.de
➜ *lebendiges Kulturzentrum für den Stadtteil*

DULSBERG

3

Gesamtschule Alter Teichweg ★ Olympiastützpunkt Hamburg/Schleswig-Holstein ★ Dietrich-Bonhoeffer-Kirche ★ Wohnblock Naumannplatz ★ Grünzug Dulsberg ★ Memeler Straße ★ Emil-Krause-Gymnasium ★ Frohbotschaftskirche ★ Siedlungsbau Dulsberg ★ Frank-Häuser

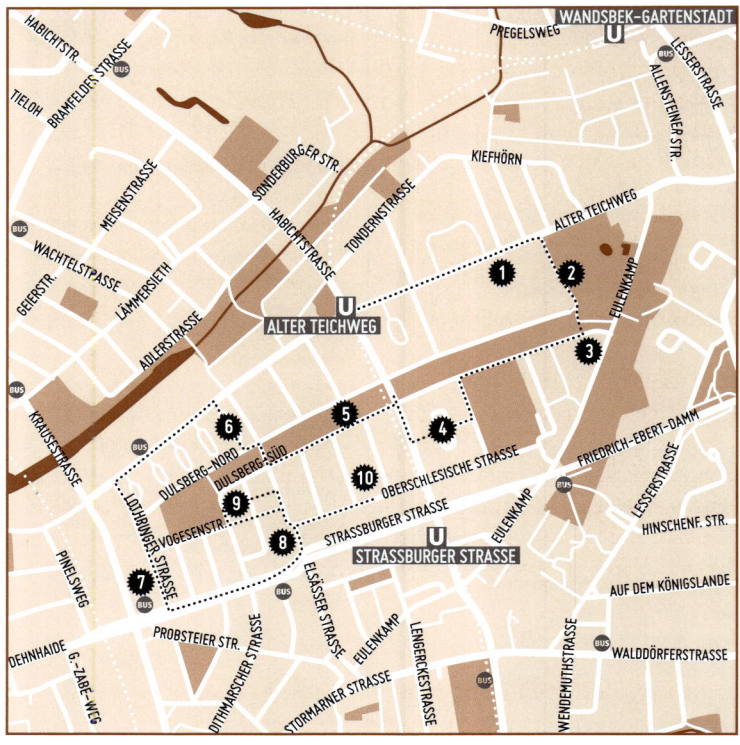

DULSBERG

START: U-Bahn-Station Alter Teichweg (U 1)
ENDE: U-Bahn-Station Straßburger Straße (U 1)
DAUER: etwa 1,5 Stunden

Heute kann man sich kaum vorstellen, dass der Dulsberg einst nichts weiter als ein rund zwanzig Meter hoher Hügel war. Seit dem 14. Jahrhundert gehörte das Land zum Besitz des „Hospitals zum Heiligen Geist" in Hamburg. Noch im 19. Jahrhundert lag das Gebiet am Stadtrand. Genau genommen handelte es sich um Wiesen- und Ackerland an der Grenze zum preußischen Wandsbek. 1903 wurde schließlich ein erster Bebauungsplan für das Gelände entwickelt. Fritz Schumacher, der wenige Jahre danach seinen Dienst als Baudirektor antrat, war allerdings der Meinung, dass dieser Plan „Schauer erregen kann, wenn man ihn sich verwirklicht denkt". So wurde das Projekt unter seiner Federführung vollständig umstrukturiert. Die Gebäude sollten weniger in die Höhe gebaut werden, vor allem aber wurden umfangreiche Grünanlagen in den Entwurf integriert. 1919 war der neue Bebauungsplan fertiggestellt. In den darauffolgenden Jahren entstand eine Wohnbebauung, die heute als Mustersiedlung der 1920er Jahre gilt.

Nach dem Zweiten Weltkrieg war das Gebiet ein Meer aus Trümmern und Ruinen. Allerdings konnte die Siedlung weitestgehend originalgetreu wiederaufgebaut werden, sodass Dulsberg heute sein ursprüngliches Gesicht zeigt. Seit 1951 ist Dulsberg ein eigenständiger Stadtteil im Bezirk Hamburg-Nord und zählt heute über 17 000 Einwohner. Unser Rundgang führt in zehn Stationen durch diesen besonderen Stadtteil und damit auch durch ein bemerkenswertes Stück Hamburger Architekturgeschichte.

1 GESAMTSCHULE ALTER TEICHWEG

Von der U-Bahn-Station kommend gehen wir nach links in die Straße Alter Teichweg. Gleich zwei Hinweisschilder machen hier auf zwei weitere Sta-

1 BRONZEPLASTIK „DIE SITZENDE"

tionen dieser Tour aufmerksam: Kulturhof und Olympiastützpunkt. Auf unserem Weg lässt sich leicht sehen, dass dieser Teil Dulsbergs nicht im Rahmen des Siedlungsbaus der 1920er Jahre entstanden ist. Vielmehr säumen Wohnbauten der 1950er Jahre unseren Weg. Nach einigen Metern sehen wir linker Hand einen kleinen Platz vor einer Ladenpassage. Hier befindet sich eine Bronzeplastik der Künstlerin Barbara Haeger (1919–2004) von 1954. Sie trägt den Namen „Die Sitzende". Konzipiert war die Plastik als Brunnen, allerdings plätschert kein Wasser mehr um die „Sitzende". Auf ihre ursprüngliche Bestimmung verweisen aber noch die Fischköpfe am Sockel (Abb. 1). Von den vier Köpfen, die die Plastik bei ihrer Aufstellung zierten, sind heute leider nur noch zwei erhalten. „Die Sitzende" ist ein erstes Beispiel für Skulpturenschmuck in öffentlichen Anlagen, der uns im Laufe dieses Rundgangs noch häufiger begegnen wird. Wir gehen weiter, bis sich zu unserer Rechten die heutige Stadtteilschule Alter Teichweg erstreckt.

Der Gebäudekomplex hat sich im Laufe der letzten Jahre zu einer beachtenswerten Kultureinrichtung entwickelt. Zunächst fällt das „Lesehaus" ins Auge. Diese Einrichtung fungiert als alternative Stadtteilbibliothek insbesondere für Kinder und Jugendliche. Im Hintergrund steht auf dem Schulhof ein Neubau, das „Haus der Jugend". Direkt an der Straße beginnt der ursprüngliche Schulbau der ehemaligen Volksschule Graudenzer Weg (Abb. 2). Sie wurde zwischen 1929 und 1932 nach einem Entwurf von Fritz Schumacher erbaut.

2 SCHULE AM GRAUDENZER WEG, 1930

Richtiger wäre es allerdings, an dieser Stelle von zwei Volksschulen zu sprechen. Denn auch hier herrschte schulische Geschlechtertrennung. Der Mädchen- und der Knabeneingang waren genauso strikt getrennt wie die jeweiligen Schulhöfe.

Wo sich heute die Kantine „Fritz" befindet, war einst die Aula untergebracht. Eine Aula war damals innerhalb des Schulbauprogramms noch keine Selbstverständlichkeit. Schumacher hatte den Versammlungsraum bei der städtischen Verwaltung durchgesetzt, um einen Ort zu schaffen, an dem auch Veranstaltungen für die Bevölkerung des Stadtteils stattfinden konnten.

Ursprünglich befand sich auf dem Gelände lediglich der U-förmige Bau, der den Schulhof umschloss. Diese Struktur lässt sich heute aufgrund der Errichtung von einigen Neubauten nicht mehr genau nachvollziehen. Als das Gebäude eingeweiht wurde, stand es jedenfalls noch recht allein in dieser Gegend. Die meisten der umliegenden Bauten sind erst in späterer Zeit entstanden. Aus der Entstehungszeit der Schule stammt jedenfalls der erhalten gebliebene Eingang zur Turnhalle.

Im Inneren der Volksschule befand sich ab 1931 ein Wandbild des Künstlers Karl Kluth (1898–1972) mit dem Titel „Lebensfreude – Rossbändiger". Es sollte als optischer Fluchtpunkt am Ende eines Korridors fungieren. Ein fröhliches, farbiges Stillleben war zu sehen, das das Zusammenspiel von Tier und Mensch thematisierte. Im Mittelpunkt stand eine Figur, die zwei Pferde bändigt, dies jedoch ohne Zügel. Das Motiv lässt sich auch als eine Allegorie auf die Reformpädagogik jener Jahre verstehen.

Entstanden war das Wandbild zusammen mit 23 anderen Wandbildern im Rahmen eines Programms zur öffentlichen Kunstförderung. Bürgermeister Carl Wilhelm Petersen (1878–1933) hatte dafür eine „Senatskommission für Kunstpflege" ins Leben rufen lassen, die unter Federführung Schumachers Hamburger Künstlern Aufträge in öffentlichen Anlagen erteilte. Zu diesem Zweck wurden zwischen 1925 und 1931 mehrfach Fördergelder gewährt, davon rund 40 000 Reichsmark für die Wandbilder. Neben der Errichtung von Büsten oder Plastiken in Parkanlagen lag ein Schwerpunkt der Förderung bei der Malerei. Schumacher begründete das so: „Die Kommission sah ihr interessantestes Ziel in dem Versuch, die Malerei wieder mit der Wand des Raumes organisch zu verbinden und ihr so etwas von ihrer verhängnisvollen Heimatlosigkeit zu nehmen."

Allerdings stießen die Wandbilder nicht ausschließlich auf positive Resonanz. Bereits 1932 konnte man im „Hamburger Tageblatt" über Kluths „Rossbändiger" lesen: „Zwischen völlig verzeichneten und mißfarbigen Gäulen hängt da eine völlig verzeichnete und mißfarbene Mannsgestalt mit einem grinsenden Kohngesicht." Im darauffolgenden Jahr gelangten die Nationalsozialisten an die Macht. Für den Großteil der 24 Wandbilder bedeutete dies das Ende. Kluths Werk wurde als „entartet" eingestuft und übermalt. Auch die Wandbilder von anderen bekannten Künstlern wie Anita Rée (1885–1933) oder Eduard Bargheer (1901–1979) überstanden die NS-Zeit nicht unbeschadet. Der Schulbau hingegen wurde während des

Zweiten Weltkriegs kaum beschädigt, auch wenn der Schulbetrieb zwischenzeitlich kriegsbedingt ausgesetzt wurde.

1999 eröffnete an der heutigen Stadtteilschule Alter Teichweg der „Kulturhof Dulsberg". Als kulturelle Einrichtung für jedermann hat er sich im

3 OLYMPIASTÜTZPUNKT

Stadtteil inzwischen fest etabliert. Hier finden Lesungen statt genauso wie Tanz, Theater und Kabarett. Zudem kann man die Räumlichkeiten für private Anlässe mieten.

Seit 2004 ist die Gesamtschule Alter Teichweg „Partnerschule des Leistungssports" und seit 2006 eine von über vierzig „Eliteschulen des Sports" in Deutschland. In jedem Jahrgang gibt es spezielle Klassen mit dem Schwerpunkt Sport. Wer diese besuchen will, muss mit seinen sportlichen Leistungen den Anforderungen der Hamburger Sportverbände gerecht werden. Dass ausgerechnet die Stadtteilschule Alter Teichweg so sportverbunden ist, hat einen naheliegenden Grund. Direkt nebenan befindet sich nämlich der Olympiastützpunkt Hamburg/Schleswig-Holstein.

Wir folgen nun dem Alten Teichweg, bis rechter Hand ein schmaler, grüner Weg mit dem Namen „Am Dulsbergbad" abzweigt. Bevor wir in diesen Weg einbiegen, fällt unser Blick auf eine moderne rote Halle. Darin hat seit 2007 das Beachcenter Dulsberg seinen Standort, eine Freizeiteinrichtung mit Strand und acht Beachvolleyball-Feldern. Hier befindet sich auch das Dulsberger Freibad.

 OLYMPIASTÜTZPUNKT HAMBURG / SCHLESWIG-HOLSTEIN

In der Straße Am Dulsbergbad erblicken wir nach wenigen Metern eine

Reihe eingeschossiger Flachdachbauten. Durch die weiß gefliesten Wände wirken sie etwas steril und lassen die architektonische Zweckmäßigkeit erahnen (Abb. 3). Bei dem Komplex handelt es sich um den Olympiastützpunkt Hamburg / Schleswig-Holstein, der im Juli 1989 eröffnet wurde und einen von 19 Olympiastützpunkten für den deutschen Sport bildet. Der Stützpunkt ist eine Betreuungs- und Serviceeinrichtung für den Hochleistungssport. Spitzensportler der olympischen Sportarten aus Hamburg und Schleswig-Holstein, insbesondere in den Sportarten Schwimmen, Beachvolleyball, Hockey, Rudern und Segeln, werden hier versorgt. Dabei stehen Sportmedizin und Physiotherapie genauso auf dem Programm wie Ernährungsberatung und sportpsychologische Betreuung. Die Sportler trainieren für die Olympischen Spiele und sind Mitglieder der jeweiligen Nationalmannschaften.

Für die jugendlichen Leistungssportler ist die Zusammenarbeit mit der „Eliteschule des Sports" am Alten Teichweg enorm wichtig. Der Deutsche Olympische Sportbund vergibt diesen Titel für einen Zeitraum von vier Jahren an Schulen, die sich der Verbindung von Lernen und Leistungssport in besonderer Weise annehmen. Im August 2006 wurde zudem ein Sportinternat ganz in der Nähe an der Nordschleswiger Straße gegründet. Durch die kurzen Wege lassen sich schulische Ausbildung und Training für talentierte Sportler hier gut vereinbaren.

Am Ende des Weges linker Hand erstreckt sich die zum Stützpunkt gehörige Schwimmhalle. Wer möchte, kann an dieser Stelle zumindest von außen einen Blick auf die Leistungssportler beim Training werfen. Am Ende der Straße Am Dulsbergbad blicken wir direkt gegenüber auf eine Kirche. Dort machen wir unseren nächsten Halt.

3 DIETRICH-BONHOEFFER-KIRCHE

Wir stehen nun vor der Dietrich-Bonhoeffer-Kirche, die auf den ersten Blick gar nicht so sehr an ein Gotteshaus erinnert (Abb. 4). Schon seit den 1950er Jahren gab es an dieser Stelle ein Gemeindehaus, das auch für den

DULSBERG

4 DIETRICH-BONHOEFFER-KIRCHE, 1969

sonntäglichen Gottesdienst genutzt wurde. Zwischen 1967 und 1969 entstand dann nach Entwürfen des Architekten Gerhart Laage (1925–2012) die Kirche als Ensemble mit Pastorat und Gemeindehaus. Im Stil erinnert die Anlage mit ihren kubischen Formen und weiß gerahmten Fenstern an das Neue Bauen der 1920er Jahre. Die fensterlose Front zur Straße hin wirkt mit ihren dunklen Steinen fast wie eine Befestigungsanlage. Der Flachdachturm wird aufgelockert durch Fenster in verschiedener Größe und versetzter Anordnung. Auch eine Treppe und ein Balkon aus Sichtbeton tragen dazu bei, dem Bauwerk die Strenge zu nehmen. So kantig die Kirche von dieser Seite aus jedenfalls wirkt, hält sie doch auf der anderen Seite auch bauliche Überraschungen bereit.

Wenn wir uns auf den Vorhof der Kirche begeben, wird der Gesamtkomplex sichtbar. Zweigeschossige Flachdachbauten aus dem gleichen dunklen Stein bilden zusammen mit der Kirche eine U-Form. Eine Art

5+6 TRETROLLERBAHN UND NAUMANNBLOCK NORDSCHLESWIGER STRASSE 21

Pergola aus Sichtbeton verbindet die einzelnen Bauten und lässt sie als stimmiges Gesamtensemble erscheinen. Das rückwärtig gelegene Seitenschiff unterscheidet sich vom übrigen Bau. In die Fassade aus Sichtbeton ist ein großes buntes Bleiglasfenster eingelassen. Es stammt von Sergio de Castro (1922–2012) und wurde zur Eröffnung der Kirche 1969 geschaffen. Blicken wir auf dem Vorhof der Kirche nach oben, ist ein weißes Kreuz sichtbar, das die Kirchturmspitze hell akzentuiert.

Mit der Grundsteinlegung der Dietrich-Bonhoeffer-Kirche war eine zweite evangelische Gemeinde in Dulsberg entstanden – in den 1960er Jahren gab es noch Bedarf für zwei Kirchen. Doch das änderte sich im Lauf der folgenden Jahrzehnte. 2001 fusionierte die Kirche mit der Frohbotschaftskirche am Straßburger Platz (vgl. Station 8), zusammen bildeten sie von nun an die evangelische Kirchengemeinde Dulsberg. Der vorerst letzte Gottesdienst in der Bonhoeffer-Kirche wurde Anfang 2005 gefeiert. Nach anfänglichem Leerstand vermietete man die Kirche zwischenzeitlich an eine andere Gemeinde. Danach dienten die Räumlichkeiten unterschiedlichen Zwecken der Gemeinde. Seit September 2015 ist nun die chinesisch-christliche Gemeinde Hamburg Mieterin der Kirche. Auf diese Weise ist erneut christliches Leben in das Gotteshaus eingezogen.

Wir gehen nun mit Blick auf die Kirche rechts die Straße Dulsberg-Süd entlang. Auf unserem Weg befindet sich in dem Grünzug auf Höhe einer

Sportanlage rechter Hand ein Spielplatz. Hier kann man ein fast historisches Spielgerät aus den 1950er Jahren bestaunen. Es handelt sich um eine Tretrollerbahn (Abb. 5). Mit dem Roller können die Kinder hier über eine Brücke und unter dieser hindurch einen Weg in Form einer Acht quer über den Spielplatz befahren. Die alte Rollerbahn war in den vergangenen Jahren schwer baufällig geworden und wird derzeit erneuert, damit sie auch künftigen Generationen von Rollerfahrern zur Verfügung steht.

Wir folgen dem Weg, bis linker Hand die Königshütter Straße abzweigt. Dieser folgen wir nun wenige Meter.

WOHNBLOCK NAUMANNPLATZ

Schon hier direkt an der Ecke erstreckt sich ein großer 1928/29 erbauter Wohnblock. Ein Schild der SAGA/GWG führt uns rechter Hand einen Weg entlang direkt auf den Naumannplatz. Schon beim Gang ins Zentrum des Wohnblocks erschließt sich, dass es sich bei dieser Anlage um ein Ensemble handelt, das aus zwei Ringen besteht. Der äußere Ring, der zuerst entstand, umschließt den inneren Ring, der seinen Mittelpunkt in einem begrünten Innenhof hat, dem Naumannplatz. Erbaut wurde der Wohnblock von den Architekten Rudolf Klophaus (1885–1957), August Schoch (1881–1957) und Erich zu Putlitz (1892–1945). Das Gebäude weist die typischen Merkmale des Siedlungsbaus der 1920er Jahre auf: Der Klinkerbau wird von einem Flachdach bekrönt, regelmäßige Fensterreihen mit weißen Rahmen ziehen sich die Fassade entlang (Abb. 6). Einige der ursprünglichen Balkone, die aus Klinkern gemauert wurden, sind noch erhalten. Nachträglich angebrachte moderne Balkone stören das Gesamtbild ein wenig, auch wenn sie den heutigen Bewohnern von Nutzen sein mögen.

Die Architekten Klophaus und Schoch hatten bereits 1920 ein Architekturbüro gegründet, 1927 kam schließlich noch der jüngere Mitarbeiter Erich zu Putlitz als Partner hinzu. Das Team beeinflusste die Hamburger Architektur der 1920er und 1930er Jahre maßgeblich. 1932 verließ Rudolf Klophaus das gemeinsame Büro und arbeitete von nun an eigenständig

7 „TANZENDE MÄDCHEN"

weiter. Sein Schaffen war weder durch die Weltwirtschaftskrise zu bremsen, noch machten ihm die politischen Umbrüche jener Zeit Probleme. Schon 1933 trat Klophaus der NSDAP bei. Den neuen Machthabern gefiel sein architektonischer Stil, und er erhielt weiterhin Aufträge wie beispielsweise die Entwürfe für den Altstädter Hof, eines der wenigen Wohnhäuser im Kontorhausviertel, und das Pressehaus am Speersort. Auch nach einem bis 1948 geltenden Arbeitsverbot, das aufgrund seiner Parteizugehörigkeit ausgesprochen wurde, konnte Klophaus an seine alten Erfolge anknüpfen. Dafür steht nicht zuletzt der City-Hof aus den 1950er Jahren am Klosterwall.

In Richtung der Nordschleswiger Straße ist der Weg durch beide Ringe überbaut, daraus ergibt sich die Situation eines Eingangs- bzw. Ausgangstors. Erstaunlich ruhig ist es hier, obwohl die viel befahrene Straße nur wenige Meter entfernt ist. Treppenstufen führen auf einen erhöhten Platz. Hier finden sich Spieltische, an denen sich die Bewohner mit Gesellschaftsspielen wie Mühle oder Schach vergnügen können. Besonders sticht allerdings eine Plastik ins Auge, die den optischen Mittelpunkt des gesamten Blocks bildet. Es handelt sich dabei um die „Tanzenden Mädchen" des Künstlers Martin Irwahn (1898–1981) von 1951 (Abb. 7). In jenem Jahr wurde unter dem damaligen Bürgermeister Max Brauer ein neues Programm zur Förderung des künstlerischen Schmucks am Bau ins Leben gerufen. Mit diesem Programm sollten Hamburger Künstler, denen es in den Nachkriegsjahren an Aufträgen mangelte, unterstützt werden. Architektur und Kunst ließen sich so verknüpfen, die Wiederaufbauzeit schien dafür besonders geeignet.

Wir verlassen den Wohnblock nun in Richtung Nordschleswiger Straße. Wenn wir an der Straße noch einen Blick zurückwerfen, entdecken wir über dem Tor eine Gedenkplakette für den liberalen Politiker Friedrich Naumann (1860–1919), den Namensgeber des Platzes. Mit Blick nach links auf der gegenüberliegenden Straßenseite kann man von hier aus auch das Gebäude des zum Olympiastützpunkt gehörenden Sportinternats sehen. Wir aber gehen bis zur nächsten Ampel nach rechts und überqueren hier die Nordschleswiger Straße. Auf der anderen Seite angekommen, gelangen wir zwischen den Straßen Dulsberg-Nord und Dulsberg-Süd in eine Grünanlage, den Grünzug Dulsberg.

5 GRÜNZUG DULSBERG

„Was aber dem gesamten Entwurf die freie Weite gibt, ist der breite Zug von Anlagen und Spielplätzen in der Mitte, zwischen den Straßen Dulsberg-Nord und -Süd." So beschreibt eine Aufzeichnung aus dem Jahre 1924 die Qualität der Anlage. Und tatsächlich bestimmt dieser rund einen Kilometer lange Grünzug die Siedlung Dulsberg bis heute maßgeblich. Er zieht sich von der Lothringer Straße im Westen bis zum Eulenkamp im Osten einmal quer durch den Stadtteil.

Von Beginn an waren die Grünflächen Bestandteil der Planungen für die neue Siedlung. Schumacher sah den Grünzug als eine „Ventilationsanlage", die „die Häusermassen durchzieht". Neben Hamburgs Oberbaudirektor war der Hamburger Gartendirektor Otto Linne (1869–1937) maßgeblich an der Anlage beteiligt. Linne, der auch an der Ausarbeitung des Hamburger Stadtparks mitgearbeitet hatte, machte sich einen Namen als „Anwalt des sozialen Grüns". Für die mittel- und vor allem gartenlose Bevölkerung wollte er öffentliche Grünanlagen als Ersatzgärten schaffen. Die Anlagen hatten deshalb nicht nur hübsch auszusehen, sondern sie mussten auch funktional sein. Das öffentliche Grün sollte nicht in erster

8 PLANSCHEECKEN IN DEN GRÜNANLAGEN, UM 1930

Linie dem Flaneur dienen, der es von ferne betrachtete, sondern es sollte regelrecht „bewohnt" werden. Dafür brauchte es zunächst einmal ausreichend Fläche, die Linne dann in unterschiedliche Bereiche einteilte. Es sollte genügend Platz für die Kleinsten geben, Spiel- und Sportflächen für die Jugendlichen, aber auch Bereiche für alte Menschen, die Ruhe suchten. In den Augen des Gartendirektors diente ausreichendes Grün nicht nur der kurzfristigen Erholung, sondern zugleich auch der Gesundheitsvorsorge. Die Menschen sollten sich so häufig wie nur möglich an der frischen Luft aufhalten. Deshalb war es wichtig, dass die Grünanlagen in unmittelbarer Nähe zur Wohnung, in sogenannter „Kinderwagenentfernung", lagen. In Dulsberg wurde der Gedanke des sozialen Grüns tatsächlich umgesetzt. Und bis heute ist einiges davon erhalten geblieben. Es gibt Bereiche für die unterschiedlichen Bedürfnisse der Bewohner: Grillzonen, eine Hundeauslauffläche, Spielplätze und Freiflächen.

Allerdings wurden im Laufe der letzten Jahre auch Anlagen aufgegeben, neu geschaffen oder umfunktioniert. Ein Beispiel dafür ist das ehemalige Planschbecken (Abb. 8), das sich direkt linker Hand an die Hundeauslaufzone anschließt. Als Planschbecken kann es aus baulichen Gründen nicht mehr genutzt werden, statt einer Sanierung wurden inzwischen zwei Streethockey-Tore und ein Basketballkorb in das tiefer gelegene rechteckige Becken eingebaut. Auf der linken Seite wiederum begegnet uns nach einigen Metern ein mittels Hecken abgegrenzter und durch einen modernen Torbogen begehbarer Bereich. Es handelt sich dabei um den Rosengarten. In vier aufwendiger gestalteten Beeten wurden Rosen und weitere Blumen angepflanzt. Der kleine, friedliche Garten bietet auf mehreren Bänken Sonnen- wie Schattenplätze. Vor allem in den Frühjahrs- und Sommermonaten zeigt sich, dass der baumreiche Grünzug Dulsberg für die Bevölkerung im Stadtteil nichts von seiner ursprünglichen Bedeutung eingebüßt hat.

Unmittelbar hinter dem Rosengarten kreuzt die Elsässer Straße die Anlage. Hier gehen wir nach rechts hinaus und gelangen umgehend auf die Straße Dulsberg-Nord. Dort biegen wir links ab, und vor uns erstreckt sich eine Reihe identischer Miethäuser. Schon von hier ist das Straßenschild der Memeler Straße zu sehen, in die wir nach nur wenigen Metern rechts einbiegen.

 MEMELER STRASSE

Gleich beim Betreten der Memeler Straße stellt sich das Gefühl ein, in einer anderen Welt zu sein. Wie in einem Dorf inmitten der Stadt erstrecken sich hier mehrere Hauseingänge zu beiden Seiten um einen begrünten Innenhof. Die viergeschossigen Rotklinkerbauten sind mit Giebeldächern bekrönt und werden durch weiß gerahmte Fenster gegliedert. Turmartige Erhöhungen mit Spitzdächern tragen zum idyllischen Eindruck der Anlage bei (Abb. 9). Jeweils ein paar Treppenstufen führen zu den roten Eingangstüren, über denen sich geklinkerte Rundbögen befinden. Insgesamt handelt

9 MEMELER STRASSE

es sich um fünf Blöcke, die zwischen den Straßen Dulsberg-Nord und Alter Teichweg errichtet wurden.

Richtfest konnte hier 1923 gefeiert werden. Bauherrin war die 1857 von Schiffszimmerer-Gesellen gegründete Allgemeine Deutsche Schiffszimmerer-Genossenschaft, die einst eine eigene Werft in Memel, dem heutigen Klaipeda, besaß und heute Hamburgs älteste Baugenossenschaft ist.

Die Gebäude wurden in Zeilenbauweise errichtet und sind somit keine klassischen Blocks der 1920er Jahre. Aus dieser Bauweise resultierte eine Nord-Süd-Ausrichtung der Häuser, was Luft und Sonne in die Anlage bringen sollte. Dies schien wichtig, weil die insgesamt rund 600 Kleinwohnungen für Arbeiter gedacht waren, die während der Arbeit den industriellen Dämpfen ausgesetzt waren. So wurden die Grünflächen in den Innenhöfen von Beginn an mit eingeplant. Diente der Innenhof einerseits der Erholung und dem Spielen an der frischen Luft, sollten die gemeinschaftlichen Höfe darüber hinaus aber auch die Nachbarn zusammenbringen und so das Gemeinschaftsgefühl stärken.

Während des Kriegs wurden die Häuser stark zerstört, jedoch begann man zu Beginn der 1950er Jahre mit dem Wiederaufbau. Die ohnehin nicht großen 2- bis 3-Zimmer-Wohnungen wurden nun verkleinert, um noch mehr wohnungslose Menschen unterbringen zu können. Bis in die 1990er Jahre hinein erfolgten an den Häusern umfangreiche Sanierungen.

Wir verlassen die Memeler Straße nun in Richtung Alter Teichweg. Hier halten wir uns links und gehen die Straße ein Stück entlang. Die gegenüberliegende Straßenseite ist von Gewerbebauten und Supermärkten gesäumt. Etwa dort, wo sich heute ein Dialyse-Zentrum befindet, stand einst die Müllverbrennungsanlage Alter Teichweg (vgl. Tour 2). Außerdem befinden sich in dieser Gebäudereihe die Werkstätten des Ernst Deutsch Theaters.

An der Ecke zur Lothringer Straße steht eine steinerne Skulptur des Künstlers Ludwig Kunstmann (1887–1961) von 1923. Sie trägt den Namen „Mutter mit drei Kindern" und ist den Kriegswitwen und -waisen des Ersten Weltkriegs gewidmet. An der dahinterliegenden Hausfassade ist ein Sandstein-Relief aus den 1970er Jahren zu sehen, das Bezug auf den Zweiten Weltkrieg nimmt. Ein Mensch scheint sich hier vor den nahenden Flammen zu verstecken. Auf einer kleinen Plattform unmittelbar davor erinnert ein Schriftzug über einer steinernen Bank an die Schiffszimmerer-Genossenschaft. Bei einem Spaziergang in dieser Gegend fallen die Straßennamen ins Auge. Viele Straßen tragen hier die Namen von Gebieten, die nach dem Ende des Ersten Weltkriegs im Zuge des Versailler Vertrages nicht länger zu Deutschland gehörten. So auch die Lothringer Straße, in die wir nun links einbiegen. Über die Lothringer Straße gelangen wir zum heutigen Emil-Krause-Gymnasium.

BOMBENKRIEG IN HAMBURG

Mehr als 350 Mal gab es allein zwischen Oktober 1943 und April 1945 „Fliegeralarm" in Hamburg. Dabei hatte die Stadt bereits im Sommer 1943 ihren „Untergang" (Hans Erich Nossack) erlebt, als die „Operation Gomorrha" genannten Luftangriffe britischer und amerikanischer Verbände ein Inferno wahrhaft biblischen Ausmaßes entfesselten. Und auch zuvor hatte es schon Angriffe aus der Luft gegeben: Die ersten Bomben auf Hamburg fielen in der Nacht vom 17. auf den 18. Mai 1940, richteten relativ geringen Sachschaden an, töteten aber 34 Menschen – ein Ereignis, das, wie ähnliche folgende Offensiven, von der NS-Propaganda zunächst noch ausgeschlachtet werden konnte.

Mit zunehmender Frequenz und Heftigkeit der Angriffe musste das öffentliche Gedenken dann aber immer öfter unterbleiben, zumal im Kriegsverlauf deutlich wurde, dass die deutsche Abwehr gegen die Bedrohung der Städte aus der Luft – allen offiziellen Verlautbarungen zum Trotz – nicht allzu viel ausrichten konnte.

BLICK ÜBER DAS ZERSTÖRTE EILBEK VOM BAHNHOF HASSELBROOK, 1948

Das Jahr 1943 bildete somit eine Zäsur, die sich einerseits als Kriegswende an den Fronten abzeichnete – etwa durch Kapitulation der 6. Armee bei Stalingrad im Februar oder die Landung der Alliierten auf Sizilien im Juli – und sich andererseits in einer neuen Qualität des Luftkriegs zeigte. Die planmäßige Zerstörung von Industrie- oder Hafenanlagen, besonders aber von Wohngebieten, wie die deutsche Luftwaffe sie gegen Guernica und Warschau, Rotterdam und Coventry sowie nicht zuletzt gegen London ausgeübt hatte, kehrte nun als sogenanntes *Moral Bombing* in verschärfter Form zurück. Explizit sollte so nicht nur die deutsche Kriegswirtschaft getroffen, sondern auch die Widerstandsmoral der deutschen Bevölkerung untergraben werden – ein Ziel, das tatsächlich bis zu einem gewissen Grad erreicht wurde, erkannten doch immer mehr Menschen die Realitätsferne der Parteiparolen.

In Hamburg, das durch seinen kriegswichtigen Hafen und die geografische Nähe zu England ohnehin eine besonders gefährdete Großstadt war, wurden während der „Operation Gomorrha" unter anderem die Arbeiterviertel der Stadt zum Ziel. Zwischen dem 25. Juli und dem 3. August 1943 gingen Flächenbombardements bis dahin ungekannten Ausmaßes in insgesamt sieben Angriffswellen (fünf Nachtangriffe der britischen Royal Air Force und zwei Tagangriffe der amerikanischen

US Army Air Forces) über die Stadt nieder. Die östlichen Stadtviertel wurden dabei vor allem in der Nacht vom 27. auf den 28. Juli getroffen und erlitten schwerste Zerstörungen (Barmbek, Eilbek, Hamm, Wandsbek) oder wurden gar vollständig vernichtet (Hammerbrook, Rothenburgsort, Borgfelde). Der durch die Art der Bombardierung hervorgerufene „Feuersturm" – ein Effekt, der entsteht, wenn die über einem Brandherd aufsteigende Hitze Sauerstoff nach oben zieht, was das Feuer immer weiter anfacht – brachte weit mehr als 30 000 Menschen den Tod, Hunderttausende wurden obdachlos und flüchteten aus der Stadt. Der von Deutschland entfesselte Krieg war zurückgekehrt. Erst Jahre nach Kriegsende entstanden aus den Trümmerwüsten neue Stadtteile, die freilich mit ihrer früheren Gestalt nicht mehr viel gemein hatten. Hamburgs „Untergang" hat somit auch zu Hamburgs Verwandlung geführt.

7 EMIL-KRAUSE-GYMNASIUM

Rechter Hand erstreckt sich nun vor uns ein Neubau aus den 1960er Jahren. Es handelt sich dabei um einen schlichten Backsteinbau, an dessen Fassade wir zwei Reliefs erblicken: die Darstellung eines Schäfers mit seiner Herde und das Bild fliegender Tauben. Ein eingeschossiger Glasbau verbindet den Neubau mit dem ursprünglichen Schulgebäude, das heute als Haupthaus fungiert. Durch die wesentlich dunkleren Klinker damit kontrastierend, schließt sich die ehemalige Volksschule Ahrensburger Straße an den Neubau an. Von unserem Standort aus sehen wir die rückwärtige Seite der Schule.

Mittels dreieckiger spitzer Vorsprünge und eines Turms faltet sich das Gebäude förmlich auf. Die Fassade wird durch eine Vielzahl weißer Sprossenfenster unterbrochen. Die Fenster der unteren Reihe sind bogenförmig, was dem Gesamtbild einmal mehr die Strenge nimmt. Der viergeschossige Stahlbetonbau wurde zwischen 1919 und 1923 nach Entwürfen

10 EMIL-KRAUSE-GYMNASIUM, ECKE STRASSBURGER STRASSE / KRAUSESTRASSE, 1928

Fritz Schumachers erbaut. Er befindet sich an der Krausestraße, die in früheren Zeiten Ahrensburger Straße hieß.

Wir gehen jetzt die Lothringer Straße bis zu ihrem Ende und halten uns dann rechts. Nun stehen wir an der Frontseite der Schule, wo sich dem Betrachter die Besonderheit des Bauwerks weiter erschließt. Viertelkreisförmig erstreckt sich die Schule in Richtung der Straßenecke Krausestraße / Straßburger Straße (Abb. 10). Auch hier durchziehen gleichmäßige Fensterreihen die Fassade. Es fällt nicht schwer, sich vorzustellen, wie die Zimmer und Flure von Licht durchflutet werden. Durch den bogenförmigen Grundriss an der Hauptseite zeigt der an sich schlichte Klinker je nach Lichteinfall ein wechselndes Farbenspiel. So wird der Backstein hier auf einfache Weise selbst zum Bauschmuck. Eingerahmt ist das Gelände von einer Klinkermauer und einem weiß gestrichenen Zaun. Diese Umrandung korrespondiert in Material und Farbe mit der Fassade des Gebäudes.

DULSBERG

Eine Chronik von 1924 gibt der Bogenform eine weiterreichende Bedeutung. Es heißt darin: „Am Eingang dieses Bezirks, da wo die Straßen von Hamburg und Wandsbek hinzuführen, liegt die Schule, durch ihre Form freilich nicht nur zu einer Eingangspforte in das Gemeinschaftsleben des Stadtviertels bestimmt, sondern, darüber hinaus, zum geistigen Mittelpunkt der Siedlung." Der Stellenwert der Schule zu ihrer Entstehungszeit könnte nicht deutlicher benannt werden. Sie sollte ein Ort des Lernens sein, aber auch ein Ort des geistigen Austauschs innerhalb der Siedlungsgemeinschaft.

Glücklicherweise hatte Fritz Schumacher während der Bauplanungen durchgesetzt, dass eine Betondecke in das Gebäude eingezogen wurde. Auf diese Weise wurde während des Zweiten Weltkriegs lediglich sein oberer Bereich zerstört. Ab 1942 fand hier dennoch kein Unterricht mehr statt. Die Schule wurde zeitweise als Lazarett, zeitweise als Lagerraum genutzt. Als sie 1947 wiedereröffnet wurde, erhielt sie den Namen „Senator-Krause-Schule", benannt nach dem Hamburger Bürgerschaftsabgeordneten und Schulsenator Emil Krause (1870–1943). Ihren heutigen Namen trägt die Schule seit den 1990er Jahren. Zwar wurden in den vergangenen Jahrzehnten Dach und Fenster erneuert, dennoch zeigt die Schule bis heute weitgehend ihr ursprüngliches Gesicht.

Mit Blick zur Schule halten wir uns nun rechts und gehen die Straßburger Straße entlang, bis sich die Frohbotschaftskirche vor uns erhebt. Auf dem Weg dorthin wird die architektonische Einheitlichkeit der Siedlung besonders deutlich. Ganz egal, in welche Richtung wir blicken: Rotklinker! Soweit das Auge reicht.

8 FROHBOTSCHAFTSKIRCHE AM STRASSBURGER PLATZ

Wir sind nun auf dem Straßburger Platz angekommen, der das Zentrum des heutigen Dulsberg bildet. Am auffälligsten ist an dieser Stelle der Bau der Frohbotschaftskirche (Abb. 11). Durch den Backstein passt sich die Kirche an die Wohnhäuser der Umgebung an. Der rund fünfzig Meter hohe

11 STRASSBURGER PLATZ MIT DER FROHBOTSCHAFTSKIRCHE, UM 1955

Turm endet in einer zwiebelförmigen Spitze. Der Eingang zur Kirche ist ganz in Weiß gehalten und durch ein kleines, von Säulen getragenes Dach überspannt, das von einem Kreuz gekrönt wird. Das Element der weißen Säulen wiederholt sich an dem Gebäude mehrfach. Auch im obersten Bereich des Turms befindet sich eine kleine Plattform, die von weißen Säulen umgeben ist. Im Chor der Kirche finden sich diese Betonsäulen zu beiden Seiten ebenfalls. An dieser Stelle haben sie zwar keine tragende Funktion, akzentuieren jedoch die fensterlose Fassade und streben förmlich in die Höhe. Dieses Gestaltungsmittel hat einen fast monumentalen Charakter, der von den Architekten durchaus gewünscht war.

1934 wurde ein Wettbewerb für den Kirchenbau ausgeschrieben, den die Architekten Friedrich Dyrssen (1890–1957) und Peter Averhoff (1884–1952) für sich entscheiden konnten. 1936/37 wurde die Frohbotschaftskirche erbaut. Sie ist eine von acht evangelischen Kirchen und

Gemeindehäusern in Hamburg, die während der NS-Zeit entstanden. Die protestantische Kirche stand dem Regime zumindest in den Anfangsjahren mehrheitlich positiv gegenüber. Wie die meisten der unter nationalsozialistischer Herrschaft erbauten Gotteshäuser befand sich auch dieses am damaligen Stadtrand. In den jüngeren Wohnsiedlungen war der Bedarf an neuen Kirchbauten am höchsten. Während der Luftangriffe auf Hamburg 1943 wurde die Kirche vor allem im Inneren stark beschädigt. Der Wiederaufbau erfolgte Anfang der 1950er Jahre durch die Erbauer Dyrssen und Averhoff. Dabei wurde das einstige bogenförmige Tonnengewölbe im Innenraum durch eine flache Kassettendecke ersetzt. Der Chor der Kirche erstreckt sich in Richtung des von einigen Bänken und Bäumen umgebenen Straßburger Platzes. Hier findet regelmäßig ein Wochenmarkt statt. Eine Gewerbezeile mit Läden, einem Café und sozialen Einrichtungen befindet sich im hinteren Bereich des Platzes. Einst fuhren hier die Straßenbahnlinien, die die Dulsberger in die Innenstadt brachten.

Wir gehen nun um den Chor der Kirche herum und gelangen so auf ihre andere Seite. Am Gemeindehaus entlang geht es weiter, bis rechter Hand die Weißenburger Straße abzweigt. Dieser folgen wir bis zu einem Torbogen auf der rechten Straßenseite bei Haus Nr. 12/14.

WEISSENBURGER STRASSE: SIEDLUNGSBAU DULSBERG

Von dieser Stelle aus können wir durch mehrere Torbögen blicken. Sie wirken wie eine optische Verbindung der Wohnbebauung, obgleich sich diese über drei Straßen erstreckt: Weißenburger Straße, Gebweiler Straße und Elsässer Straße. Beim Betreten des ersten Innenhofs wird besonders deutlich, dass die Bebauung Dulsbergs Ergebnis der Planung einer ganzen Siedlung ist. Einheitlich reihen sich die Häuser mit ihrer Vielzahl kleiner Mietwohnungen aneinander.

Für den Massenwohnungsbau bedeutete der Erste Weltkrieg eine Zäsur. Mehrere Faktoren machten ihn danach besonders dringlich: Während des Kriegs hatte nahezu die gesamte Bautätigkeit geruht, sodass es nach dem Krieg an neuem Wohnraum fehlte. Hinzu kam ein immenser Zuzug in die deutschen Großstädte, der mit dem Zuzug vom Land und einer allgemeinen Verstädterung zusammenhing. Und außerdem kamen nun in großer Zahl Flüchtlinge aus den vom Reich abgetrennten Gebieten nach Deutschland.

1918 trat in der Hansestadt das „Kleinwohnungsgesetz" in Kraft. Mit diesem Gesetz wurden klare Regelungen und Zuständigkeiten für die Vergabe staatlicher Fördergelder zur Unterstützung des Wohnungsbaus geschaffen. Dennoch wurde aufgrund der wirtschaftlichen Not bis 1923 kaum gebaut. Die größte Gruppe unter den Wohnungssuchenden war die Arbeiterschaft, die zugleich auch die einkommensschwächste Gruppe bildete. Eine Untersuchung im Jahr 1925 ergab, dass in Hamburg noch immer rund 24 000 Kleinwohnungen fehlten. Hier in Dulsberg konnte immerhin ein Teil von ihnen realisiert werden (Abb. 12+13).

Wie auf einer Tafel über dem Torbogen an der Gebweiler Straße zu lesen ist, wurden die Häuser Weißenburger Straße Nr. 12 und 14, Gebweiler Straße Nr. 7–10 und Elsässer Straße Nr. 20 und 22 von Fritz Schumacher 1922 entworfen. Typisch für seinen Stil, handelt es sich auch bei ihnen um Rotklinker-Bauten. In ihrer Mitte befindet sich jeweils ein begrünter Innenhof, der seinen Bewohnern Luft und Licht spenden sollte. Ein Zeitgenosse berichtet in einer Schrift aus dem Jahre 1926 von der bunten Bewohnerschaft der Dulsberg-Siedlung in den 1920er Jahren: „Tatsächlich leben in den staatlichen Bauten alle Schichten und Parteien unseres Volks durcheinander, wie der Zufall sie in den Listen des Wohnungsamts zusammenführte: Arbeiter und viele aus Oberschlesien und dem Danziger Gebiet ausgewiesene Beamte. Dazwischen arme Familien aus den schlimmsten Gegenden der inneren Stadt, die in ihren trostlosen Unterkünften nicht länger belassen werden konnten. Andererseits wohlhabende junge Ehepaare, denen nach jahrelangem Warten in unzulänglichen Räumen endlich eine eigene Wohnung zugewiesen wurde. [...] So bietet der Bezirk im engen Raum das charakteristische Bild einer zusammengewürfelten, unsteten Großstadtbevölkerung."

DULSBERG

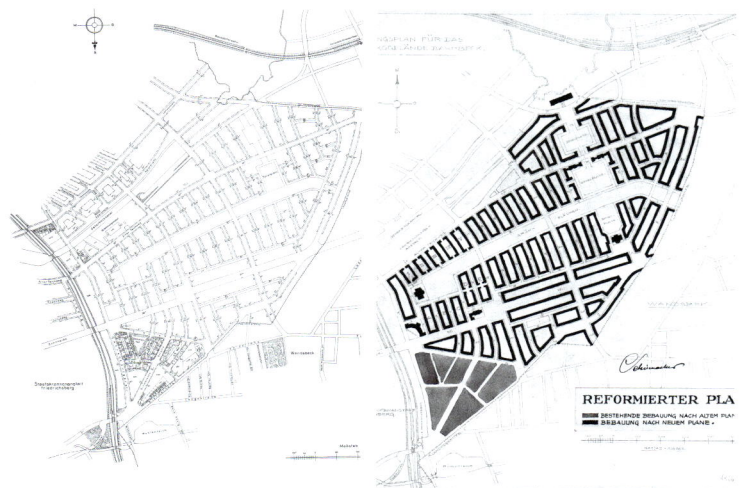

12+13 BEBAUUNGSPLÄNE FÜR DULSBERG 1920 UND 1926/27

Wir durchqueren nun alle Torbögen des Wohnblocks und gelangen so auf die Elsässer Straße. Wer sich hier noch einmal umdreht, kann auf einer Tafel an der Fassade einen Sinnspruch von Matthias Claudius lesen, der die Bewohnerschaft bis heute begleitet: „In der Welt ein Haus / Im Haus eine Welt / Und Welt und Haus in gnädiger Hand".

Wir halten uns mit Blick zur Fahrbahn rechts und gehen nur wenige Meter die Elsässer Straße entlang. Vor dem Haus Nummer 28, dem ehemaligen Postamt, steht auf einem Sockel eine steinerne Postkutsche des Künstlers Richard Kuöhl. Direkt gegenüber geht es links in die Oberschlesische Straße hinein.

DULSBERG

14 LAUBENGÄNGE DER FRANK-HÄUSER

10 OBERSCHLESISCHE STRASSE: FRANK-HÄUSER

Gleich beim Betreten der Oberschlesischen Straße sehen wir linker Hand eine Reihe nahezu identischer Bauten aus den 1920er Jahren. Es handelt sich dabei um die Laubenganghäuser des Architekten Paul A.R. Frank (vgl. hierzu auch Tour 1, Station 8). Die Häuser wurden zwischen 1929 und 1931 als Teil der Großsiedlung Dulsberg erbaut. Als Markenzeichen Franks kann die Verbindung zwischen norddeutscher Backsteinarchitektur und dem Stil des Neuen Bauens gelten. Diese Mischung kommt bei den flachgedeckten Klinkerbauten hier wunderbar zur Geltung. Die Laubengänge laufen als runde Balkone am Ende eines jeden Hauses aus (Abb. 14). Im Erdgeschoss sind sie als verglaste Gewerbefläche gestaltet (Abb. 15). In den oberen Stockwerken umlaufen meist rote Geländer die von Säulen getragenen Balkone.

Heute ist dieses Prinzip bei den drei Bauten in Richtung Straßburger Straße am besten sichtbar. Die Balkone der ersten drei Häuser, denen

DULSBERG

wir uns von der Elsässer Straße aus nähern, wurden in der Vergangenheit leider verbaut. Frank hat in seinem Entwurf den Grundriss der Häuser jeweils gespiegelt, sodass die Laubengänge einander gegenüberliegen. Was also bereits bei der Planung angestrebt wurde, war nicht etwa ein optimaler Lichteinfall, sondern vielmehr die Stärkung der nachbarschaftlichen Gemeinschaft. Einen optischen Abschluss bildet jeweils ein drittes Gebäude, das quer zu den beiden anderen an der Straße Dulsberg-Süd angelegt ist. So umgeben je drei Bauten eine begrünte Fläche in ihrer Mitte.

15 RUNDE BALKONE UND LÄDEN ALS SEITENABSCHLUSS

Nach Franks Vorstellungen sollte diese grüne Wiese eine Art Dorfplatz innerhalb der Wohnbebauung bilden, die auch hier mit Gebäudeschmuck im öffentlichen Raum versehen ist. Im Innenhof der Häuser zwischen Elsässer Straße und Schlettstadter Straße sowie im Innenhof der Häuser zwischen Schlettstadter Straße und Mühlhäuser Straße finden sich Bronzeplastiken spielender und tanzender Kinder des Künstlers Ludolf Albrecht (1884–1955) aus dem Jahr 1930.

Bereits zu Lebzeiten Franks galten die Laubenganghäuser als architektonische Sehenswürdigkeit. So soll Hamburgs Bürgermeister Carl Wilhelm Petersen gar den Prinzen von Wales und den Herzog von Kent bei ihrem Besuch in der Hansestadt durch Dulsberg geführt haben. Die Häuser haben bis heute nichts von ihrer Anziehungskraft eingebüßt, noch immer locken sie ein internationales architekturinteressiertes Publikum an.

Wir sind nun am Ende des Rundgangs angekommen. Um zur U-Bahn zu gelangen, gehen wir die Oberschlesische Straße bis zu ihrem Ende und landen wieder auf der Nordschleswiger Straße. Dort halten wir uns rechts und kommen nach wenigen Metern zur U-Bahn-Haltestelle Straßburger Straße.

ADRESSEN TOUR 3

CAFÉS / RESTAURANTS

Dithmarscher Grill
Dithmarscher Straße 49
→ *guter Imbiss seit 1973, im Sommer wird einmal die Woche auf der Terrasse gegrillt*

Taverne Metaxa
Straßburger Straße 23
→ *klassischer Grieche im Zentrum*

LÄDEN

Fahrrad Dulsberg
Straßburger Straße 9–11
www.fahrrad-dulsberg.de
→ *Fahrradverkauf und -reparatur*

Fisch Haus Loop
Straßburger Straße 15/17
→ *Fischladen seit 1931, mit Mittagstisch*

Nordlicht Stoffe
Dithmarscher Straße 33
www.nordlicht-stoffe.de
→ *große Auswahl an Stoffen im Online-Shop und im Ladenlokal vor Ort*

Nostalgie Shop
Dithmarscher Straße 46
→ *Kleidung, Möbel und mehr aus den 1950er und 1960er Jahren*

Old Budgets Bikes
Dithmarscher Straße 33
www.fahrrad-gebraucht-kaufen.de/
→ *gebrauchte Räder wie neu*

2nd Reality Videogames and more
Dithmarscher Straße 37
→ *alte und neue Videospiele und Konsolenzubehör, beliebt bei Daddel-Freunden*

Uhren Schmid
Dithmarscher Straße 33
www.uhren-schmid-hamburg.jimdo.com
→ *Uhrenfachgeschäft: Ankauf, Verkauf, Reparatur*

Wochenmarkt Straßburger Platz
→ *Mittwoch: 8.30 bis 13 Uhr, Freitag: 14 bis 18 Uhr*

FREIZEIT / SPORT

Freibad Dulsberg
Am Dulsbergbad 1
www.beachhamburg.de
→ *Familienfreibad mit Strand*

ADRESSEN TOUR 3

**Olympiastützpunkt Hamburg/
Schleswig-Holstein e.V.**
Am Dulsbergbad 5
www.osphh-sh.de
➜ *Betreuungs- und Serviceeinrichtung für den Spitzensport, mit Sportinternat*

KULTUR

**dulsArt Kunst- und
Kulturverein e.V.**
Oberschlesische Straße 17
www.dulsart-kunst-und-kulturverein.com
➜ *Kunst und Kultur für jedermann – mit Ausstellungsmöglichkeit*

Kulturhof Dulsberg
Alter Teichweg 200
www.dulsberg.de/kulturhof
➜ *Bürgerhaus und Veranstaltungszentrum für Dulsberg*

Lesehaus
Alter Teichweg 200
www.dulsberg.de/lesehaus
➜ *alternative Stadtteilbibliothek an der Schule Alter Teichweg*

SOZIALES / NON-PROFIT

**Nachbarschaftstreff
Dulsberg**
Elsässer Straße 15
www.kirche-dulsberg.de
➜ *von der Kirchengemeinde organisierter Nachbarschaftstreff*

**Pottkieker Stadtteilküche
Dulsberg**
Alter Teichweg 53
www.pottkieker.mookwat.de
➜ *täglich warmes Mittagessen für Menschen mit nachweislich geringem Einkommen*

LEUTE AUS BARMBEK, EILBEK UND DULSBERG

Der sozialdemokratische Politiker **ADOLF BIEDERMANN** (*1881 Hamburg; †1933 Recklinghausen) war ab 1912 Vorsitzender des Distrikts Barmbek. Nach dem Ersten Weltkrieg gehörte er der Hamburger Bürgerschaft an und ab 1926 dem Reichtag in Berlin. Als im März 1933 über die Verabschiedung des „Ermächtigungsgesetzes" abgestimmt wurde, zeigte sich Biedermann als mutiger Politiker und stimmte mit seiner Fraktion dagegen. Rund zwei Monate später wurde seine Leiche an Bahngleisen nahe Recklinghausen gefunden. Biedermann war am Vorabend mit dem Nachtzug von Köln nach Hamburg gefahren. Auch wenn die Umstände seines Todes bis heute nicht gänzlich geklärt sind, liegt die Vermutung nahe, dass SA-Leute ihn aus dem Zug gestoßen, ihn also vorsätzlich ermordet hatten. Vor dem Hamburger Rathaus wurde 2012 ein Stolperstein im Gedenken an Biedermann verlegt, in Barmbek-Süd erinnert der ehemalige Schleidenplatz, der nun Biedermannplatz heißt, an den SPD-Politiker und Reichstagsabgeordneten.

Der ehemalige Fußballprofi und -trainer **ANDREAS BREHME** (*1960 in Hamburg) begann seine sportliche Laufbahn beim HSV Barmbek-Uhlenhorst. Es folgte eine steile Karriere, die ihn ab 1980 vom 1. FC Saarbrücken über den 1. FC Kaiserslautern bis zum FC Bayern München führte. Letzterer zahlte für den Transfer mit zwei Millionen DM die bis dahin

LEUTE AUS BARMBEK, EILBEK UND DULSBERG

höchste Summe für einen Bundesliga-Spieler. Auch bei Inter Mailand und Real Saragossa spielte Brehme. Seinen vermutlich größten Erfolg konnte er aber als deutscher Nationalspieler verbuchen. 1990 machte er Deutschland durch einen Elfmeter im Endspiel gegen Argentinien zum Fußball-Weltmeister. Nach der Zeit als Fußballspieler begann 2000 Brehmes Zeit als Trainer beim FC Kaiserslautern, der SpVgg Unterhaching und beim VfB Stuttgart. Heute lebt der gebürtige Barmbeker in München und Kitzbühel.

Der Schriftsteller **HANS FALLADA** (*1893 in Greifswald; †1947 in Berlin) hieß eigentlich Rudolf Ditzen. Er führte ein wechselhaftes Leben, übte diverse Berufe aus, saß in der Psychiatrie und im Gefängnis, wurde Journalist und hatte schließlich Erfolg mit Romanen, in denen er die Nöte der unteren Gesellschaftsschichten darstellte. Bis heute berühmt sind Werke wie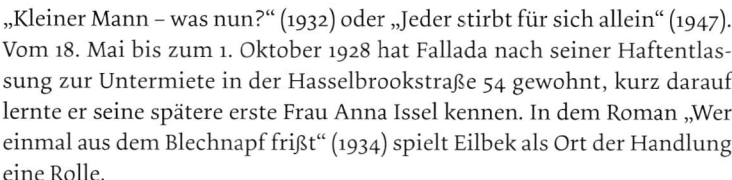
„Kleiner Mann – was nun?" (1932) oder „Jeder stirbt für sich allein" (1947). Vom 18. Mai bis zum 1. Oktober 1928 hat Fallada nach seiner Haftentlassung zur Untermiete in der Hasselbrookstraße 54 gewohnt, kurz darauf lernte er seine spätere erste Frau Anna Issel kennen. In dem Roman „Wer einmal aus dem Blechnapf frißt" (1934) spielt Eilbek als Ort der Handlung eine Rolle.

RALPH GIORDANO (*1923 in Hamburg; †2014 in Köln) stammte aus einem musischen Elternhaus, sein Vater war Pianist, seine Mutter Klavierlehrerin. Seine Kindheit in Barmbek nahm in der NS-Zeit ein jähes Ende. Weil Giordanos Mutter Jüdin war, sah sich die Familie gezwungen, in einem Kellerversteck Unterschlupf zu suchen. Nach dem Krieg besuchte der Autor das Deutsche Literaturinstitut in Leipzig und schrieb erste Artikel für die Allgemeine Jüdische Wochenzeitung. In den 1950er Jahren trat Giordano der KPD bei und siedelte sogar für einige Monate in die DDR um. Seit den 1960er Jahren arbeitete der Publizist auch als Fernsehjournalist und drehte zahlreiche Dokumentationen. Zeitlebens warf Giordano ein sorgenvolles Auge auf Antisemitismus und Rechtsextremismus in Deutschland, seit den 2000er Jahren galt seine Aufmerksamkeit dem politischen Islam. So kritisierte er immer wieder islamische Verbände in Deutschland und bejahte teils die islamkritischen Thesen Thilo Sarrazins. In Anlehnung an Giordanos gleichnamigen Roman (1985) wird alljährlich der Bertini-Preis für Zivilcourage verliehen.

KAREN HORNEY (*1885 in Blankenese; †1952 in New York) war eine Psychoanalytikerin, die sich unter anderem durch ihre Gegnerschaft zur Neurosenlehre Sigmund Freuds einen Namen gemacht hat, von der sie sich durch die Betonung milieubasierter Faktoren unterschied. Horney hatte die Jahre von 1899 bis 1904 in Eilbek verbracht, wurde 1901 von dem Eilbeker Pastor Ruckteschell konfirmiert und lebte u.a. in dem (nicht mehr bestehenden) Haus an der Ecke Hirschgraben und Papenstraße (Gedenktafel). Nach einigen Jahren in Berlin zog Horney 1932 in die USA, wo sie u.a. am Psychoanalytischen Institut in Chicago arbeitete. Sie ist die Mutter der Schauspielerin Brigitte Horney (1911–1988).

Der Schriftsteller **NORBERT JACQUES** (*1880 in Eich/Luxemburg; †1954 in Koblenz) war 1905 nach Hamburg gekommen, um sich ein Bild von der Stadt und ihren Bewohnern zu machen. Obgleich er einen Großteil seiner Zeit an der Elbe verbrachte, hatte er eine Wohnung in der Friedrichsberger Straße in Eilbek gemietet. Während seiner Hamburger Zeit machte Jacques Bekanntschaft mit seinem Kollegen Johann Kinau, der unter dem Namen Gorch Fock schrieb. Neben seinen Reiseberichten erlangte Norbert Jacques vor allem durch seine Romane Bekanntheit. Er ist der Autor der „Dr. Mabuse"-Romane. Die Werke begeisterten in den 1920er Jahren in den Verfilmungen von Fritz Lang (1922) ein breites Kinopublikum.

LEUTE AUS BARMBEK, EILBEK UND DULSBERG

BERTHOLD HEINRICH KAEMPFERT (*1923 in Hamburg; †1980 auf Mallorca) gehörte zu den renommiertesten deutschen Orchesterleitern, Musikproduzenten und Komponisten in der Zeit nach dem Zweiten Weltkrieg. Er gilt als einer der Urväter des Easy Listening. Aufgewachsen ist er in Barmbek-Nord, wo seit 2008 vor dem Museum der Arbeit ein Platz nach ihm benannt ist. In Deutschland wurde u.a. Kaempferts Komposition „Die Gitarre und das Meer" in der Darbietung von Freddy Quinn zum Erfolg. Vor allem international aber feierte der Komponist große Erfolge. Zu diesen zählt der Evergreen „Strangers in the Night", gesungen von Frank Sinatra. Aus Bert Kaempferts, genannt Fips, Feder stammen 400 Kompositionen und 750 Orchesterarrangements, die außer von Sinatra von so namhaften Musikern wie Elvis Presley oder den Beatles interpretiert wurden. Gegen Ende seines Lebens schaffte es Bert Kaempfert gar in die Londoner Royal Albert Hall, wo er nur fünf Tage vor seinem Tod im Juni 1980 ein letztes Konzert gab. Auf eigenen Wunsch wurde seine Asche in den Everglades verstreut.

Der Hamburger Musiker **LOTTO KING KARL** (*1967 in Hamburg) kam als Gerrit Heesemann zur Welt. 1995 erschien seine erste Single mit dem Namen „Ich hab' den Jackpot". Das Lied bezog sich auf die Legende vom Gabelstaplerfahrer Karl König, der durch einen Lottogewinn Millionär geworden war. Es folgten Alben und Auftritte, die Lotto zusammen mit seiner Band, den „Barmbek Dream Boys", lokale und überregionale Erfolge bescherten. Außerdem war Lotto King Karl Moderator bei Radio Hamburg und tat sich durch kleinere TV-Auftritte sowie als Kolumnist der Zeitschrift „Praline" hervor. Auch als Fan des HSV hat sich der Musiker einen Namen gemacht. Bis heute singt er vor jedem Heimspiel des Vereins auf einem Kran stehend die Hymne auf seine Heimatstadt „Hamburg, meine Perle".

OTTO LÜTHJE (*1902 in Hamburg; †1977 ebenda) ist vor allem als Schauspieler beim Hamburger Ohnsorg-Theater bekannt geworden, dem er fast fünf Jahrzehnte angehörte. Mit großem Erfolg trat er dort etwa als Opa Meiners in der Komödie „Das Hörrohr" von Karl Bunje auf. Auch in kleineren Fernsehrollen war Lüthje zu sehen. In seinem zweiten Beruf arbeitete er als Lehrer, ab 1924 zunächst in Hamburg, später an der Eilbeker Knabenschule am Roßberg 45. Lüthje, der nie Schauspielunterricht gehabt hatte, wurde nach seinem Tod auf dem Ohlsdorfer Friedhof bestattet.

HANS-JÜRGEN MASSAQUOI (*1926 in Hamburg; †2013 in Jacksonville, Florida) war ein amerikanischer Schriftsteller und Journalist, der in Barmbek-Süd aufwuchs. Er wurde als Sohn einer deutschen Mutter und eines liberianischen Vaters in Deutschland geboren. Momulu Massaquoi, sein Großvater, war Generalkonsul von Liberia und der erste afrikanische Diplomat in Deutschland. Als die Nationalsozialisten an die Macht kamen, wurde Massaquoi als „rassisch minderwertig" zunehmend bedroht, dank der Hilfe seiner Mutter und Freunden konnte er diese Zeit überleben. Nach dem Krieg lebte Massaquoi einige Zeit in Liberia, bis er amerikanischer Staatsbürger wurde. Er arbeitete als Chefredakteur bei der afroamerikanischen Zeitschrift Ebony. Ein großer Erfolg war in Deutschland sein autobiografischer Roman „Neger, Neger, Schornsteinfeger!" (1999), dessen Verfilmung 2006 im Fernsehen zu sehen war.

Barmbek hat genau genommen zwei Kanzler der Bundesrepublik hervorgebracht. Nicht nur Helmut Schmidt, auch **ANGELA DOROTHEA MERKEL** (*1954 in Hamburg, geborene Kasner) erblickte in Barmbek das Licht der Welt. Ihre Zeit in der Hansestadt war allerdings von kurzer Dauer, bereits einige Wochen nach der Geburt siedelte die Tochter eines evangelischen

Theologen und einer Lehrerin mit ihren Eltern in die DDR über. Nach einem Physik-Studium an der Karl-Marx-Universität in Leipzig arbeitete sie an der Akademie der Wissenschaften in Ost-Berlin. Erst nach dem Ende der DDR, wo sie niemals Mitglied einer Partei war, begann Merkel ihre politische Karriere in der CDU. 2005 wurde sie zur ersten deutschen Bundeskanzlerin gewählt.

Der Schriftsteller **PAVO PEJIC** (*1984 in Hamburg) wuchs in Hamburg-Dulsberg auf. Nach dem Fachabitur studierte er Soziale Arbeit in Hamburg. 2005 erschien sein Roman „Pussykiller". Als Schauplatz für den Roman mit autobiografischen Zügen dient der Stadtteil Dulsberg. Pejic beschreibt darin den Alltag von vier Jugendlichen, die versuchen, in einem sozial schwachen Milieu ihren Platz im Leben zu finden.

JULIUS ADOLF PETERSEN (*1882 in Hamburg-Hamm; †1933 in Hamburg), der wegen seines stets eleganten Äußeren den Spitznamen „Lord von Barmbeck" trug, entstammte einem proletarischen Umfeld. Schon mit 13 Jahren, als die Familie nach Barmbek umzog, wurde er wegen eines unterschlagenen Geldbörsenfundes für fünf Tage inhaftiert. Weitere Delikte und Gefängnisaufenthalte folgten. Durch die Übernahme einer Barmbeker Kellerwirtschaft um 1904 kam Petersen in näheren Kontakt mit der örtlichen Halbwelt, bei der er sich u.a. dadurch Respekt verschaffte, dass er gelegentlich Polizisten eigenhändig aus seinem Lokal warf. Ab 1908 entwickelte sich Petersen zum Berufsverbrecher und Chef einer vielköpfigen Bande, auf deren Konto diverse spektakuläre Einbrüche und Überfälle gingen (vgl. Spaziergang 4, Station 8). Im Sommer 1921 wurde er verhaftet und zu 15 Jahren Zuchthaus verurteilt, 1932 wegen guter Führung entlassen und 1933 erneut inhaftiert. Am 21. November 1933 beging Petersen in seiner Zelle Selbstmord. Das über 700 Seiten starke Manuskript seiner Lebenserinnerungen, die Petersen ab 1927 in der Haft verfasst hatte, wurde erst 1973 veröffentlicht. Im gleichen Jahr entstand der Spielfilm „Der Lord von Barmbeck" mit dem Hamburger Schauspieler Martin Lüttge (*1943) in der Titelrolle.

Die meisten werden den fünften Bundeskanzler der Bundesrepublik Deutschland eher mit dem Hamburger Stadtteil Langenhorn in Verbindung bringen, wo **HELMUT HEINRICH WALDEMAR SCHMIDT** (*1918 in Hamburg; † 2015 ebenda) bis zu seinem Tod viele Jahrzehnte lebte. Geboren wurde der SPD-Politiker aber in Barmbek. Nach dem Abitur an der Hamburger Lichtwark-Schule war Schmidt Soldat im Zweiten Weltkrieg. Im Anschluss studierte er Volkswirtschaft an der Universität Hamburg und trat bereits 1946 in die SPD ein. Ab 1953 war er Mitglied des deutschen Bundestags, wo er sich durch seinen besonders freimütigen Ton, vor allem gegenüber seinem Gegner Franz Josef Strauß, den Beinamen „Schmidt-Schnauze" erwarb. Vielen Hamburgern ist Schmidt noch als Retter in der Not im Gedächtnis, der in seiner Position als Hamburger Innensenator während der Sturmflut 1962 für schnelle unbürokratische Hilfe sorgte. Von 1974 bis 1982 war Schmidt als Nachfolger Willy Brandts der zweite sozialdemokratische Bundeskanzler der Republik. In seine Amtszeit fielen mehrere politische Krisen der Bundesrepublik wie die drohende Eskalation des Kalten Krieges und der „Deutsche Herbst", in dem die Terroristen der RAF Deutschland in Atem hielten. Nachdem Schmidt 1981 den NATO-Doppelbeschluss zur Stationierung neuer Nuklearraketen in Europa vorantrieb, zerbrach im Folgejahr die sozial-liberale Koalition. 1982 wurde Schmidt mit einem konstruktiven Misstrauensvotum bei vorgezogenen Neuwahlen als Bundeskanzler abgewählt. Auch nach seiner politischen Karriere blieb Schmidt eine Person der Öffentlichkeit. Er wurde Mitherausgeber und zeitweise Geschäftsführer der Wochenzeitung „Die Zeit" und war ein geschätzter politischer Gesprächspartner und Elder Statesman. Helmut Schmidt starb 2015 in

Hamburg. Nach einer Trauerfeier in der St.-Michaelis-Kirche wurde er auf dem Friedhof Ohlsdorf im Familiengrab neben seiner 2010 verstorbenen Frau Loki Schmidt begraben.

ERNST THÄLMANN (*1886 in Hamburg; †18. August 1944, im KZ Buchenwald erschossen) war 1923 maßgeblich am sogenannten Barmbeker Aufstand beteiligt (vgl. Exkurs „Rotes Barmbek", S. 148), seit 1925 Vorsitzender der Kommunistischen Partei Deutschlands (KPD) und bis 1929 Führer des paramilitärischen „Rotfrontkämpferbundes". Nach der nationalsozialistischen Machtübernahme wurde er im März 1933 in Haft genommen, die er bis zu seinem gewaltsamen Tod in Gefängnissen und Konzentrationslagern verbrachte. Thälmann hatte als Schüler in Eilbek zunächst die Volksschule Kantstraße, danach die Knabenschule am Roßberg besucht. Die Familie wohnte vor und nach der Jahrhundertwende u.a. an der Wandsbeker Chaussee.

Der in Dulsberg aufgewachsene Filmregisseur **ÖZGÜR YILDIRIM** (*1979 in Hamburg) trat literarisch bereits im Alter von 14 Jahren mit der Veröffentlichung eines Horrorromans in Erscheinung. Er studierte Regie, und schon 2004 erhielt er für seinen Kurzfilm „Alim Market" erste Auszeichnungen. Seinen Durchbruch schaffte Yildirim 2008 mit dem Spielfilm „Chiko" mit Denis Moschitto und Moritz Bleibtreu. Bei der Uraufführung auf der Biennale gewann der Film unter anderem den Preis für das beste Drehbuch. Viele Besucher erreichte sein Film „Blutzbrüdaz" mit dem Rapper Sido in der Hauptrolle, der 2011 in die deutschen Kinos kam. Auch die Drehbücher zu den beiden Hamburger Tatorten „Feuerteufel" (2013) und „Zorn Gottes" (2016) mit Wotan Wilke Möhring als Kommissar Falke hat er geschrieben.

BARMBEK-SÜD (DER WESTEN) 4

Heiligengeistkirche/Barmbeker Turmhaus ★ Burplatz ★ Pro-Block ★ Johannes-Prassek-Park/Gaswerk ★ Komponistenviertel ★ Barmbek und Uhlenhorst ★ Badeanstalt Bartholomäusstraße ★ Der Lord von Barmbeck ★ Hamburger Straße

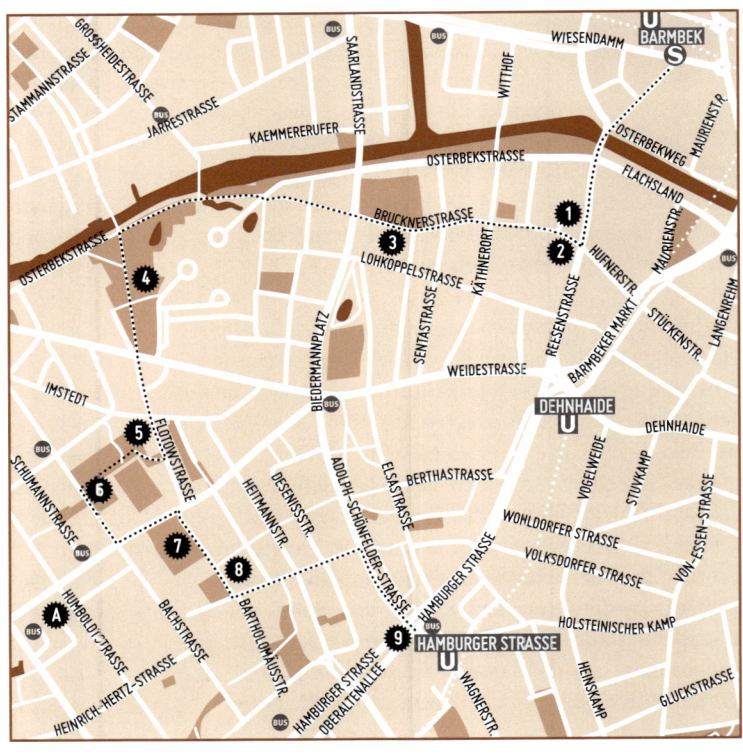

BARMBEK-SÜD (DER WESTEN)

STARTPUNKT: Hufnerstraße, U- und S-Bahn-Station Barmbek (U 3, S 1, S 11)
ENDPUNKT: U-Bahn-Station Hamburger Straße (U 3)
DAUER: 2 bis 2,5 Stunden

Dieser Rundgang führt uns durch den ältesten Teil Barmbeks. Das heutige Barmbek-Süd umfasst den alten Dorfkern, aus dem der Stadtteil Barmbek seit der Mitte des 19. Jahrhunderts erwachsen ist. Hier lassen sich Reste seiner ältesten städtischen Struktur finden, auch wenn der Zweite Weltkrieg deutliche Spuren hinterlassen hat und sich die Suche nach den Ursprüngen des Stadtteils als nicht allzu einfach erweist. Der südliche Teil Barmbeks, den wir auf dieser Tour durchstreifen, bietet jedenfalls einen guten Querschnitt durch den Stadtteil wie auch einen tieferen Einblick in seine Geschichte: vom Ursprung im Dorf Bernebeke zum dicht besiedelten Arbeiterstadtteil. Vor dem Krieg noch in ganz Hamburg als „Barmbek basch" bekannt, das keinen besonders guten Ruf genoss (vgl. Exkurs, S. 114), entwickelte es sich in der zweiten Hälfte des 20. Jahrhunderts zu einem ruhigen, den Charme der Nachkriegsarchitektur verströmenden Wohnquartier. Doch sind das neue Wachstum der Stadt und seine Begleiterscheinungen inzwischen auch hier spürbar: Neubauten und Verdichtungen bringen Barmbek-Süd am Anfang des 21. Jahrhunderts spürbare Veränderungen. Der zentral gelegene Stadtteil steht im Fokus von Investoren und Entwicklern, die neuen Wohnraum für den Mittelstand in Hamburg schaffen.

Der Startpunkt dieses Rundgangs ist vom Bahnhof Barmbek aus gut zu erreichen. Wir biegen dafür beim Rundbunker am Rande des Barmbeker Stadtplatzes in die Poppenhusenstraße ein – ihr Namensgeber war Conrad Poppenhusen, einer der zwei Gründer der New-York Hamburger Gummi-Waaren-Compagnie, auf deren Gelände sich heute das Museum der Arbeit befindet (vgl. Tour 2) – und folgen ihr, vorbei an Bücherhalle, Volkshochschule und dem Kundenzentrum Barmbek-Uhlenhorst, bis zum Osterbekkanal, wo sie in die Hufnerstraße mündet. Der Osterbekkanal, einst

BARMBEK-SÜD (DER WESTEN)

das Gewässer, das Hamburgs Zollgrenze zum Deutschen Reich markierte und entlang dessen sich die Industrialisierung Barmbeks vollzog, ist auch die Grenze zwischen den beiden Stadtteilen Barmbek-Nord und Barmbek-Süd. Wir überqueren den Kanal und folgen der Hufnerstraße rechtsseitig noch etwa 150 Meter.

BARMBEK BASCH

Der Ausdruck „Barmbek basch" ist auch heute noch vielen Hamburgern ein Begriff. Was er jedoch genau bezeichnet, wissen wohl nur noch die wenigsten. Vage wird er mit der proletarischen Mundart des früheren Arbeiterstadtteils in Verbindung gebracht. Etwas genauer lässt sich seine Herkunft jedoch schon bestimmen.

„Basch" kommt aus dem Plattdeutschen und bedeutet stark, scharf, schroff oder derb. Das Hochdeutsche „barsch" ist nicht weit entfernt. Und genau solch ein Verhalten wurde den Barmbekern, insbesondere der Jugend, nachgesagt: Ihre Umgangsformen ließen zu wünschen übrig und seien so ruppig, dass sie in ganz Hamburg kaum ihresgleichen hätten. Ihre Stärke bewiesen die Barmbeker „Briets" – ebenfalls ein plattdeutsches, wohl dem französischen „brute" = roh, brutal entlehntes Wort – in zahlreichen Straßenkämpfen mit der Jugend der umliegenden Stadtteile. Besonders gelitten haben wohl die Uhlenhorster und Winterhuder. In der Jugendsprache wurde der Begriff dann zur Bezeichnung für den Stadtteil selbst, der zu Anfang des 20. Jahrhunderts noch mehrheitlich vom heutigen Barmbek-Süd gebildet wurde. Getreu dem Motto: Der Apfel fällt nicht weit vom Stamm.

„Barmbek basch" wurde so zum Synonym für das Armenhaus Barmbek und seine Bewohner. Allerdings schwang in der Bezeichnung für das raue und gefährliche Unterschichtsviertel immer auch ein gewisser Respekt vor den Menschen mit, die sich nicht unterkriegen lassen. Und wie es häufig mit abwertenden Fremdbezeichnungen geschieht, wurde der Begriff von den stigmatisierten Barmbekern schließlich ins Positive umgemünzt. Die baschen Jungs aus Barmbek trugen basche Kleidung, und die Barmbeker Deerns hatten basche Beene – in der Jugendsprache verband sich das Ruppige und Derbe mit einer besonderen männlichen Coolness und Verwegenheit bzw. weiblichen Kessheit und Sexiness.

Der älteste Nachweis der Wortverbindung von Barmbek und basch findet sich allerdings schon in einer Anekdote von 1870: In einer Uhlenhorster Privatschule soll eine Barmbeker Bauerntochter ihren bürgerlichen Mitschülern Respekt eingeflößt haben, indem sie ein mit Spinnen belegtes Brot verspeiste. Die geschockten Uhlenhorster sollen entsetzt „Uhh, Barmbek basch" ausgerufen haben.

1 HEILIGENGEISTKIRCHE / BARMBEKER TURMHAUS

Vor uns erheben sich zwei Neubautürme, zwischen denen sich ein Sakralbau eingeklemmt zu haben scheint: Es handelt sich um den Ostchor der ersten evangelisch-lutherischen Kirche Barmbeks, der 1903 geweihten Heiligengeistkirche. Barmbek bekam erst recht spät eine eigene evangelisch-lutherische Kirche, weil es bis in die 1880er Jahre dem Kirchspiel St. Georg zugeordnet war und seit 1885 der näher gelegenen Uhlenhorster Kirche St. Gertrud. Die Katholiken hatten mit der St.-Sophien-Kirche am Schleidenpark schon 1899 eine Gemeinde in Barmbek gegründet. Zwar gab es seit 1887 die protestantische Kreuzkirche am Holsteinischen Kamp (vgl. beide Tour 5). Diese verfügte jedoch über kein Gemeindegebiet, sodass es noch um 1900 keine eigenständige protestantische Barmbeker Gemeinde gab. Ihre Gründung als Kirchengemeinde „Alt-Barmbek" wurde mit der Weihung im Jahr 1903 nachgeholt. Die Namen – der Gemeinde wie auch der Kirche selbst –, erinnern an die vorstädtische Geschichte Barmbeks: Auf dem Gebiet des heutigen Barmbek-Süd liegt der Ursprung der heutigen drei Barmbeker Stadtteile. Einstiger Lehnsherr des Dorfes Barmbek war das Hospital zum Heiligen Geist. Der Standort der vom Architekten

BARMBEK-SÜD (DER WESTEN)

1 HEILIGENGEISTKIRCHE, 1915

Hugo Groothoff im neugotischen Stil entworfenen Kirche (Abb. 1) knüpft hier an: Zuvor befand sich an dieser Stelle das Herrenhaus der Hamburger Oberalten – der Rechtsnachfolger des Hospitals zum Heiligen Geist – samt Dorfschule. Zur Entwicklungsgeschichte Barmbeks und seiner Urbanisierung werden wir bei der nächsten Station noch mehr erfahren.

Heute sind nur noch Relikte der Kirche zu sehen. Dies ist zum einen Folge der Zerstörungen im Zweiten Weltkrieg und zum anderen der schwindenden Gemeindegröße geschuldet. Während der Operation Gomorrha im Juli/August 1943 brannte die Kirche aus und wurde 1955 mit verkürztem Turm und in bescheidener Qualität wiederaufgebaut. Nachdem 2003 die Kosten zur Behebung des Sanierungsstaus auf für die Gemeinde „Alt-Barmbek" nicht bezahlbare 2,8 Millionen Euro geschätzt worden waren, verkaufte diese 2005 die nicht mehr nutzbare Kirche an einen privaten Wohnungsbauinvestor, der zusammen mit dem Architekturbüro APB anstelle der Kirche in zwei Türmen 64 Eigentumswohnungen errichtete. Den durch den Verkauf erzielten Gewinn nutzte die Kirche zum Bau des Stadtteilzentrums Barmbek Basch, welches direkt an die Kreuzkirche angegliedert ist. Der ehemalige Ostchor beherbergt einen großen Konferenzraum, der eigentlich von der Gemeinde Alt-Barmbek für kirchliche und soziale Arbeit im Stadtteil genutzt werden sollte. Das „Barmbeker Turmhaus", wie der offizielle Name des Ensembles lautet, hat im Stadtteil für einigen Wirbel gesorgt. Nicht nur, dass die Heiligengeistkirche das erste evangelische

BARMBEK-SÜD (DER WESTEN)

2 BARMBEKER TURMHAUS

Gotteshaus in Deutschland war, das zum Zweck des privaten Wohnungsbaus entweiht und abgerissen wurde – vor allem die Bebauung mit Hochhausarchitektur kam in der Umgebung nicht gut an. Durch Einwirken des Stadtplanungsausschusses wurde schließlich einer der beiden Türme um zwei Geschosse reduziert, die dafür jedoch dem anderen Turm aufgesetzt wurden – ein fragwürdiger Erfolg. Zumindest bleibt durch das Ensemble die stilisierte Silhouette der ehemaligen Kirche erhalten (Abb. 2). So richtig in die Umgebung einfügen möchte sich der mächtige Bau allerdings nicht.

Folgen wir nun der Hufnerstraße noch ein kleines Stück bis zur Ampel und biegen rechts in die Brucknerstraße ein. Wenn wir uns an die Seite der kleinen Grünanlage stellen, haben wir eine gute Sicht auf das Turmhaus samt dem erhalten gebliebenen Lindenanger, der quasi den historischen Fußabdruck der Kirche liefert. Rechts neben dem Turmhaus, in der Brucknerstraße 4 F–I, befindet sich das zum Ensemble gehörende sogenannte Gartenhofhaus. Ursprünglich befand sich an dieser Stelle das Pastorat.

 BURPLATZ

Wir stehen nun an der Grünfläche Ecke Bruckner-/Hufner-/Reesestraße gegenüber dem beschriebenen Neubaukomplex und wenden unseren Blick direkt auf die Grünfläche. An zentraler Stelle fällt auf der Wiese ein Stein mit eingelassener Tafel ins Auge, der neuerdings von Bänken umrahmt wird: Er erinnert daran, dass sich hier einst der Burplatz (niederdeutsch für Bauernplatz/Dorfplatz), das Zentrum des ehemaligen Dorfes Bernebeke, befand. Von diesem mächtigen Dorf vor den Toren Hamburgs leitet sich der Name der heutigen Stadtteile Barmbek-Süd und Barmbek-Nord ab. Wir befinden uns also unmittelbar im Zentrum des namensgebenden Dorfes, wo bis 1830 das Bauerngericht tagte und alle wichtigen dörflichen Belange unter freiem Himmel entschieden wurden.

Wie die meisten innenstadtnah gelegenen Stadtteile gründet auch Barmbek auf seiner dörflichen Struktur. Urkundlich wurde Bernebeke erstmals 1271 erwähnt und gehörte zunächst zum Besitz der Stormannschen Familie (der Grafen von Schauenburg). Im Jahre 1355 verkaufte diese den Grundbesitz und die damit verbundenen Hoheitsrechte an das Hospital zum Heiligen Geist. Mit der Reformation ging die Verwaltung des gesamten Besitzes an das neu geschaffene oberste bürgerliche Kollegium der Hamburger Oberalten über. Offiziell blieb Bernebeke ein eigenständiges Dorf, auch wenn der Grundbesitz nun in Hamburger Hand lag. Dieser ambivalente Charakter – einerseits selbständig, andererseits in Hamburger Besitz – war für seine Eigentümer insbesondere in Kriegszeiten von Vorteil: Barmbek galt immer als neutrales Gebiet, warf aber auch Steuern ab.

Auch die Namen der angrenzenden Straßen erinnern an das Dorf: Die Hufnerstraße verdankt ihren Namen den zahlreichen Vollhufnern – zwölf an der Zahl –, die Barmbek zum größten der vor den Toren Hamburgs gelegenen Dörfer machten. Die Reesestraße ist nach dem letzten Vogt Eggert

BARMBEK-SÜD (DER WESTEN)

3 BAUERNHAUS UND HEILIGENGEISTKIRCHE IN DER HUFNERSTRASSE, 1913

Reese benannt, der dem Barmbecker Landgericht vorsaß. Sie mündet in die Hamburger Straße, die seit dem Mittelalter Bestandteil der Verbindung zwischen den beiden Hansestädten Hamburg und Lübeck war. Folgt man der Hufnerstraße, so stößt man auf den Barmbeker Markt.

1790 zählte das Dorf Barmbek gut 700, Mitte des 19. Jahrhunderts 1200 Einwohner. Als am 31.12.1860 die Hamburger Torsperre aufgehoben wurde, brachte dies auch für Barmbek große Veränderungen mit sich. Neben den üblichen bürgerlichen Akteuren betätigten sich auch die großen Barmbeker Bauern an der Stadterweiterung. Mit dem Verkauf von Bauland entdeckten sie ein neues, einträgliches Geschäft und begannen im südlichsten Teil der Feldmark mit der spekulativen Veräußerung von Gebieten, sodass die Hamburger Stadterweiterung nach Barmbek vordrang. Südlich des Burplatzes, entlang der Hamburger Straße, entstanden nun die ersten städtischen Wohnquartiere Barmbeks. Offizieller Vorort von Hamburg wurde Barmbek 1871 – da zählte es schon über 7000 Einwohner. 23 Jahre später, 1894 – Barmbek war mittlerweile ein Stadtteil von Ham-

BARMBEK-SÜD (DER WESTEN)

burg –, hatte die Bevölkerungszahl bereits 40 000 Einwohner erreicht! Damit stellte Barmbek zu Beginn des 20. Jahrhunderts einen der bevölkerungsstärksten Stadtteile Hamburgs dar.

Der dörfliche Ursprung Barmbeks blieb an dieser Stelle jedoch noch bis zum Zweiten Weltkrieg sichtbar. Bis zum Feuersturm im Juli/August 1943 stand das letzte Bauernhaus Barmbeks auf der gegenüberliegenden Seite der Kreuzung Hufnerstraße/Reesestraße (Hufnerstraße 1–11, Abb. 3): Das aus dem 17. Jahrhundert stammende, reetgedeckte Haus des Bauern Lembke fiel, wie fast ganz Barmbek, dem Flammenmeer der Operation Gomorrha zum Opfer. Der aus der Not geborene lieblose Wiederaufbau Barmbeks nach dem Krieg hat schlussendlich auch die letzten Spuren des ursprünglichen Dorfes verschwinden lassen.

Unser Weg führt nun die Brucknerstraße entlang bis kurz vor die Einmündung in die Schleidenstraße.

3 PRO-BLOCK

Rechter Hand von uns befindet sich der Sportplatz des USC Paloma, eines der Traditionsvereine der Barmbeker Sportlandschaft. Zur Linken erhebt sich ein großer Wohnblock (Abb. 4), der mehrere Hausnummern der Bruckner-, der Schleiden-, Lohkoppel- und Ortrudstraße umfasst, also ganz buchstäblich einen Block bildet. Gebaut wurde er 1905/06 und stellt ein gutes Beispiel für die Bauform der Hamburger Burg dar (Abb. 5), auch wenn es sich nicht um das erste Haus dieses Typs in Barmbek handelt (vgl. Tour 5). Die Hamburger Burg ist eine Bauform des frühen Massenwohnungsbaus und sorgte in allen Wohnungen für verhältnismäßig gute Luft- und Lichtverhältnisse. Zudem waren die Wohnungen allesamt mit fließendem Wasser ausgestattet (wenn auch nur kalt), was zu dieser Zeit keine Selbstverständlichkeit war. Um die Lebensverhältnisse der Arbeiter zu verbessern, gründete sich 1899 in Hamburg der Konsum-, Bau- und Sparverein PRODUKTION, der unter anderem diese Wohnburg als Genossenschaftsblock errichtete. Daher kommt der Name „PRO-Block".

BARMBEK-SÜD (DER WESTEN)

4 WOHNBLOCK PRODUKTION, LOHKOPPELSTRASSE, LINKS DIE SCHLEIDENSTRASSE, 1910

Bei der vorherigen Station haben wir bereits erfahren, wie rasant die Bevölkerung Barmbeks im letzten Drittel des 19. Jahrhunderts wuchs. Auch im 20. Jahrhundert setzte sich dieses Wachstum in hohem Tempo fort, in den Jahren 1905 bis 1914 stieg die Einwohnerzahl Barmbeks von 55 000 auf knapp 100 000 an. Es ist deshalb nicht erstaunlich, dass sich die städtische Erschließung in der Frühphase recht ungeordnet und unter mangelhaften Bauvorschriften vollzog. Enge Quartiere mit schlechten hygienischen Bedingungen, in denen möglichst viele Menschen untergebracht werden konnten, waren die Folge. Vor allem der Bautyp der Hamburger Terrassen und Passagen ist typisch für das Bauen unter diesen Bedingungen und prägt die Quartiere. Für den Teil Barmbeks, in dem wir uns gerade befinden, legte der Bebauungsplan von 1903 schließlich ein Verbot von Wohnhöfen (Terrassen) fest. Die Hamburger Burg ist ein gelungenes Beispiel für die Umsetzung des neuen baulichen Gegenmodells.

Der PRO-Block sollte aber nicht nur Wohnraum schaffen, sondern berücksichtigte alle Aspekte der proletarischen Lebenswelt. Im Erdgeschoss rund um den Block waren Grünhöker (Gemüseläden), eine Fleischerei und

BARMBEK-SÜD (DER WESTEN)

Das Genossenschaftsgrundstück des Konsum-, Bau- und Sparvereins „Produktion" in Barmbeck
Schleiden-, Lohkoppel-, Ortrud- und Hinrichsenstraße
(256 Wohnungen, Verkaufsstelle, Kolonial- und Hausstandswaren, Brotladen und Schlachterladen)

5 WOHNBLOCK PRODUKTION IN FORM EINER „HAMBURGER BURG", 1906

eine Fischhandlung zu finden sowie eine Fahrradwerkstatt und nicht zuletzt eine Kneipe. Die an der Ecke Lohkoppelstraße/Schleidenstraße befindliche Gastwirtschaft von Gustav Mause war nicht nur ein Treffpunkt für die Bewohner des PRO-Blocks, der Saal der Wirtschaft war auch das Versammlungslokal der Barmbeker SPD und diente darüber hinaus für vielerlei kulturelle Programme wie sozialistische Lesezirkel oder Gesangsabende. Kurzum, im PRO-Block wurde das Ideal einer sozialistisch geprägten genossenschaftlichen Lebensgemeinschaft angestrebt.

Der Block war zwar kein offizielles Projekt der SPD, dennoch waren viele Bewohner, wie beispielsweise Adolph Schönfelder, SPD-Mitglied oder auch Teil des „Reichsbanners", das sich für den Erhalt der freiheitlichen Grundordnung einsetzte. In der Spätzeit der Weimarer Republik kam es dann auch, meist an Versammlungstagen der SPD, zu Aufläufen von Barmbeker SA-Gruppen vor Mauses Lokal, die nicht selten in Saalschlachten endeten. Da der (überwiegend aus den Bewohnern des PRO-Blocks bestehende) Stimmbezirk 377 in den 1930er Jahren ein vom Regime so genannter „Problemwahlbezirk" war – die NSDAP schaffte hier nie die

BARMBEK-SÜD (DER WESTEN)

absolute Mehrheit –, überstand die Lebensgemeinschaft des PRO-Blocks die NS-Zeit nicht. Bereits 1933 gab es die ersten Verhaftungen, die sozialistischen Aktivitäten verschwanden in den „Untergrund", frei werdende Wohnungen wurden teilweise mit NS-treuen Mietern besetzt. Die PRODUKTION konnte sich, stark reglementiert und beschnitten, noch bis 1941 halten, danach wurde sie, wie alle im Reich befindlichen Konsumgenossenschaften, aufgelöst und einschließlich ihres Vermögens in die Deutsche Arbeitsfront überführt. Im Juli 1943, während der Operation Gomorrha, brannte der PRO-Block aus, nur die Außenmauern blieben erhalten. 1949/50 wurde der Komplex nahezu im Originalzustand wiederaufgebaut, die alte Gemeinschaft jedoch konnte nicht wiederbelebt werden. In den 1980er Jahren verkaufte die PRODUKTION (bzw. deren Nachfolgerin, die „coop") den Block kleinteilig als Eigentumswohnungen.

Wir folgen nun der Brucknerstraße und überqueren die Schleidenstraße. Von hier ab ist die Brucknerstraße, die an Neubauquartieren und dem Hamburger Landesarbeitsgericht entlangführt, nur noch Fußgängern und Radfahrern zugänglich. Das Gebäude, welches sich auf der rechten Seite bis zum Osterbekkanal erstreckt und heute das Gericht beherbergt, wurde zwischen 1909 und 1912 als Volksschule nach einem Entwurf des Hamburger Architekten und Bauinspektors Albert Erbe (1868–1922) gebaut. Noch bis November 1966 war hier Schulbetrieb.

Nachdem wir die Neubauten durchquert haben, stoßen wir auf die Spohr- und die Osterbekstraße und befinden uns wieder am Osterbekkanal. Wir folgen dem autofreien Teil der Osterbekstraße, bis wir auf der linken Seite zu einem kleinen Park gelangen.

4 JOHANNES-PRASSEK-PARK / GASWERK

Der Johannes-Prassek-Park ist jüngeren Datums. Erst im Juni 2011 wurde er eingeweiht und erhielt seinen Namen von einem Barmbeker Geistlichen, der während der NS-Diktatur besondere Courage bewies. Johannes Prassek wurde 1911 in Barmbek in einfachen Verhältnissen geboren und wuchs hier als Katholik auf. In der an der Weidestraße gelegenen St.-Sophien-Kirche wurde er getauft und erhielt hier seine Erstkommunion. Seit 1939 war Prassek Kaplan in Lübeck, wo er in seiner kirchlichen Arbeit teilweise offen dem NS-Regime widersprach, heimlich Informationen der sogenannten Feindsender unter die Menschen brachte und trotz strengen Verbots Seelsorge unter polnischen Zwangsarbeitern leistete. 1942 wurde er denunziert und mit zwei weiteren katholischen Priestern seiner Gemeinde und einem evangelischen Pfarrer verhaftet. Gemeinsam wurden sie am 10. November 1943 in der Zentralen Hinrichtungsstätte für den Norddeutschen Raum am Holstenglacis ermordet. Des christlichen Widerständlers, der 2011 von der römischen Kongregation seliggesprochen wurde, wird als „Lübecker Märtyrer" gedacht.

Wir begeben uns nun in den Park, in etwa auf die „Bergspitze" zwischen den beiden Spielplätzen. Auch wenn sich heute ein moderner Anblick bietet, befinden wir uns hier auf historischem Barmbeker Gelände. Wo sich inzwischen der Park und die angrenzenden Bürogebäude erstrecken, war einst der zweite große Industriekomplex Barmbeks nach der New-York-Hamburger Gummi-Waaren-Compagnie (vgl. Tour 2) ansässig: das Barmbeker Gaswerk. Es wurde in den Jahren 1874 bis 1876, also

6 BLICK VOM SCHLEIDENPARK / BIEDERMANNPLATZ AUF DAS GASWERK, 1905

BARMBEK-SÜD (DER WESTEN)

7 VOR DEM GASWERK DAS ELEKTRIZITÄTSWERK MIT DEN ZWEI HOHEN SCHORNSTEINEN, OBEN RECHTS DIE KIRCHE ST. SOPHIEN, UM 1927

in der Zeit der frühen städtischen Erschließung, an dieser Stelle gebaut, nachdem die Errichtung am ursprünglich geplanten Standort in Eppendorf aufgrund massiver Proteste der dortigen Anwohner nicht realisiert werden konnte. Ein solches Problem bot sich hier nicht, da es zu diesem Zeitpunkt so gut wie niemanden gab, der sich hätte beschweren können. So entstanden drei große Gasometer, in denen durch Kohlevergasung das städtische Gas hergestellt wurde – nebst den erforderlichen Kohlespeichern (Abb. 6). Da es hier um 1876 noch keinen Gleisanschluss gab, wurde die kleine Osterbek zum Zwecke der Kohleanschiffung via Schute kanalisiert. Durch die Gaserzeugung in den Retorten entstand als Nebenprodukt Koks, das wiederum als Heizmittel weiterverkauft wurde. Am Übergang zum 20. Jahrhundert war das Gaswerk bereits eng umbaut und fand in direkter Nachbarschaft reichlich Abnehmer für seine beiden Produkte

BARMBEK-SÜD (DER WESTEN)

8 „ALSTERCITY"

(Abb. 7). Besonders gesundheitsförderlich war diese industrielle Nachbarschaft aber sicherlich nicht.

Nach dem Zweiten Weltkrieg wurden die Kriegsschäden behoben und der Betrieb wieder aufgenommen. Als Hamburg 1960 auf Erdgas umstellte, wurde das Barmbeker Gaswerk jedoch stillgelegt und abgerissen. Heute erinnert so gut wie nichts mehr an die Anlage. Vor einiger Zeit sind auch die noch erhaltenen Mauerreste an der Osterbekstraße abgerissen und durch einen grünen Zaun ersetzt worden. So deutet lediglich eine schmale Backsteinwand, die sich an das Bürogebäude Weidestraße 130 (das Bürogebäude mit den großen Fenstern hinter dem nicht eingezäunten Spielplatz) schmiegt, auf das Gaswerk hin. Sie ist das letzte Relikt eines Kohlespeichers.

1972 kaufte die Volksfürsorge das Gelände, um eine neue Firmenzentrale zu bauen, musste dann jedoch feststellen, dass das Gaswerk schwer kontaminierten Boden hinterlassen hatte und eine Nachnutzung der Fläche mit erheblichen Kosten verbunden gewesen wäre. Hinzu kam, dass Anwohner und Politik eine andere Nutzung wünschten (Naherholung und günstigen Wohnraum), sodass die Volksfürsorge ihr Projekt nicht vollendete und der Hamburger Bauinvestor Helmut Greve einsprang. Dieser realisierte 1992 die „AlsterCity" und fand eine kostengünstige Variante der Problemstoffentsorgung: Der verseuchte Boden wurde zu einem Hügel zusammengetragen und versiegelt. Auf diesem thront jetzt der Glaskasten als Landmarke (Abb. 8). Im Gegenzug verpflichtete sich der Bauunternehmer Anfang der 2000er Jahre, eine Grünfläche und den Brückenschlag über den Osterbekkanal zu verwirklichen. Aufgrund juristischer Streitigkeiten zwischen der Stadt Hamburg und dem Investor mussten die Anwohner allerdings knapp zehn Jahre auf die Einlösung dieser Verpflichtung warten.

Wir überqueren nun die Weidestraße und folgen der Flotowstraße bis zur Kreuzung Imstedt.

5 KOMPONISTENVIERTEL

An der Ecke Flotowstraße/Imstedt befinden wir uns im Herzen von Alt-Barmbek, dem Komponistenviertel. Viele Straßen in diesem Teil Barmbek-Süds tragen Namen großer Komponisten: Mozartstraße, Schubertstraße, Beethovenstraße oder Flotowstraße, die an den weniger bekannten Opernkomponisten Friedrich von Flotow (1812–1883) erinnert. Im Dachgiebel des Hauses Flotowstraße 21 ist ein Notenrelief zu sehen, das auf die Benennung des Viertels anspielt. Allerdings geht die Tatsache, dass so viele bedeutende deutsche Tonkünstler mit ihrem Namen im Stadtteil vertreten sind, auf einen Irrtum zurück.

Als im letzten Drittel des 19. Jahrhunderts die städtische Erschließung Barmbeks begann, entstanden hier reichlich neue Straßen. Zwei der frühen, parallel verlaufenden Straßen ganz im Süden (auf der Höhe, wo unser Rundgang endet) waren der Auslöser für die Namensgebung: 1861 wurde die Richardstraße nach dem Enkel des Grundbesitzers John Bartholomäus

BARMBEK-SÜD (DER WESTEN)

Bull, 1877 die Parallelstraße nach dem damaligen Grundbesitzer, dem Bauern Hans Heinrich David Wagner, benannt. Dieser Umstand geriet im Städtebauamt aber schnell in Vergessenheit und schon einige Jahre später war man sich sicher, mit diesen Straßen Richard Wagner geehrt zu haben. Von nun an hielten immer mehr Komponisten Einzug in Barmbek.

Wenn wir die umliegenden Häuser betrachten und einen Moment vergessen, dass wir uns gerade in Barmbek-Süd befinden, können wir uns hier auch in Eppendorf wähnen. Der Anblick der gründerzeitlichen Häuser, insbesondere der Straßenzug um die Flotowstraße, entspricht nicht der Vorstellung, die sich typischerweise mit dem „roten Klinkerbarmbek" verbindet. Vor 1943 war aber genau dieser Anblick charakteristisch für Barmbek-Süd. Die großen Klinkerhöfe, die die Schumacherzeit seit den 1920er Jahren prägten, sind überwiegend in Barmbek-Nord oder Dulsberg zu finden. Der große Block mit den Hausnummern 22 bis 26 in der Flotowstraße stellt in diesem Teil Barmbeks eher die Ausnahme dar. Ebenso die Häuser an der Flotowstraße zwischen Imstedt und Beethovenstraße: Als sie 1911 bezugsfertig waren, konnten sich nur Angestellte oder niedere Beamte die Mieten leisten. Anders als in den umliegenden Straßen wurden hier Dreispänner gebaut, mit fließend Wasser, Badezimmer und Toilette. Für Barmbeker Verhältnisse herrschte also gehobener Standard. Wie zur Gründerzeit üblich, befanden sich im Erdgeschoss der Häuser Geschäfte – ein Milchladen, ein Eismann, aber auch ein Büro des Arbeiter-Samariter-Bunds.

Heute hält hier wieder gehobener Standard Einzug. Die Häuser werden saniert, die ehemaligen Geschäfte sind größtenteils schon in Ladenwohnungen umgewandelt worden, auf den Etagen werden oft Wohnungen zusammengelegt, um größere Wohneinheiten zu schaffen. Es handelt sich um eine der begehrtesten Adressen Barmbek-Süds. Bei Neuvermietungen übertrifft der Quadratmeterpreis zumeist den ortsüblichen Tarif.

Auf mittlerer Höhe der Flotowstraße befindet sich eine durch die Bombardierungen des Zweiten Weltkriegs entstandene Lücke und bildet den Zugang zu einem kleinen Park. Diese Grünfläche durchqueren wir nun, vorbei an Sportgelände und Spielplätzen, bis zur Bachstraße.

6 BARMBEK UND UHLENHORST

In der Bachstraße präsentiert sich Barmbek-Süd wieder im roten Nachkriegsklinker. Im Namen der Straße mag man wiederum einen Anklang an das Komponistenviertel hören, aber auch hier handelt es sich um einen Zufall: Mit der Benennung der Straße wurde nicht der große Meister der Barockzeit verewigt, sondern der Name ist ganz wortwörtlich zu verstehen. Der heutige Straßenverlauf folgt dem alten Weg, der zur Brücke über den Bach, die Osterbek, führte – und heute noch führt. Denn die Bachstraße endet nicht an der Mündung in die Herderstraße, sondern nimmt noch einen kleinen Schwenk bis zur Brücke über den Osterbekkanal.

Bis 1951 bildete die Bachstraße die Grenze zwischen den beiden Stadtteilen Barmbek und Uhlenhorst. Die parkseitige Straßenseite war Barmbek, die gegenüberliegende schon Uhlenhorst. Nach dem Krieg wurden die Gebiete getauscht: Der Uhlenhorster Bereich von der Bachstraße bis zum Winterhuder Weg wurde Barmbek-Süd zugeschlagen. Dafür wurde der weiter südlich gelegene Bereich Barmbeks – zwischen Eilbekkanal, Oberaltenallee, Lerchenfeld und Richardstraße mit dem Standort der Hochschule für bildende Künste Hamburg – der Uhlenhorst zugeteilt. Diese Grenze existierte aber schon in vorstädtischer Zeit. 1744 legten die Hamburger Oberalten – als Verwalter Barmbeks – und der Hamburger Rat einen langanhaltenden Streit zwischen den Barmbeker Bauern und den Hamburger Bürgern bei, indem sie an dieser Stelle einen Grenzgraben ziehen ließen. Das Gebiet der heutigen Uhlenhorst – ebenso wie die heutigen Stadtteile Hohenfelde und Borgfelde – hatte schon lange als Hamburger Weideland gedient. Da es Schwemmland der Alster war, fand das Vieh hier saftige Weidegründe. Die Barmbeker Hufner und Kätner wollten auch ihr Vieh dort weiden lassen. Der direkte Zugang zur Alster ermöglichte ihnen darüber hinaus den Fischfang. Da dies jedoch ohne Hamburger Genehmigung geschah, sprachen die Oberalten mit der Ziehung des Grenzgrabens ein Machtwort.

BARMBEK-SÜD (DER WESTEN)

Die Rivalität der Bauernschaft setzte sich zu städtischer Zeit in den Auseinandersetzungen der ortsansässigen Jugend fort. Noch bis in die unmittelbare Nachkriegszeit wurden unzählige Kämpfe und Straßenschlachten zwischen der Barmbeker, Uhlenhorster und Winterhuder Jugend ausgetragen, die maßgeblich zur Verbreitung des in ganz Hamburg bekannten Ausdrucks „Barmbek basch" (vgl. Exkurs, S. 114) beitrugen.

Der unmittelbar an Barmbek grenzende Teil Uhlenhorsts glich in architektonischer, wirtschaftlicher und sozialer Hinsicht den Barmbeker Verhältnissen und unterschied sich deutlich von dem bürgerlichen Milieu in unmittelbarer Alsternähe. So ergaben sich Schnittmengen zwischen den Stadtteilen, die heute kaum mehr nachzuvollziehen sind. In den Namen einiger Barmbeker Sportvereinen drückt sich diese gemeinsame Geschichte aber noch aus. Neben dem bekanntesten, in Barmbek-Nord ansässigen Fußballclub „HSV Barmbek-Uhlenhorst von 1923 e.V." (kurz BU), ist auch der SV Uhlenhorst Adler, dessen Spielstätte wir soeben passiert haben, ein solches Gemisch. Er entstand 1914 aus der Fusion des Uhlenhorster Fußballklubs und dem Sportverein Herta. Auch der am PRO-Block ansässige USC Paloma hat seinen Ursprung in diesem Milieu rund um die Bachstraße.

Wir gehen nun die Bachstraße in südlicher Richtung entlang, biegen links in die Beethovenstraße ein und folgen ihr, bis wir rechts auf die Bartholomäusstraße stoßen.

→ ABSTECHERTIPP
HUMBOLDTSTRASSE

Wer einen Eindruck von den bereits erwähnten Terrassenbauten und dem Teil von Barmbek bekommen möchte, auf den die Bezeichnung „Barmbek basch" vor allem gemünzt war, kann nun einen Abstecher in die Humboldtstraße machen. Dafür folgen wir der Bachstraße in nördlicher Richtung bis zur Kreuzung Mozartstraße, biegen in diese nach links ab und begeben uns bis zur Kreuzung Humboldtstraße. In diesem Teil Barmbek-Süds ist noch einige gründerzeitliche Altbausubstanz erhalten

BARMBEK-SÜD (DER WESTEN)

9 BLICK VON DER HAMBURGER STRASSE IN DIE HUMBOLDTSTRASSE, 1918

(Abb. 9). Entlang der Mozartstraße hat eine gewisse Geschäftigkeit Tradition, was sicherlich mit den Bushaltestellen zu tun hat, die in der Bach- und in der Schumannstraße liegen. Anfang der 1990er Jahre wurden hier (Mozartstraße) die letzten Etablissements geschlossen und durch Kindergärten und Gastronomie ersetzt. Hinzu kamen Modeateliers und seit Neuestem ein Tattoostudio. Die Altbauten werden Stück für Stück saniert. Immer häufiger müssen einfache Nachkriegsbauten weichen und werden durch Neubauten mit Eigentumswohnungen ersetzt. Die Gentrifizierung Barmbek-Süds lässt sich hier unschwer erkennen.

Kurz vor der Humboldtstraße passieren wir linker Hand einen großen, 2016 fertiggestellten Neubau. Von der Humboldtstraße aus ist zu sehen, dass sich direkt dahinter, versetzt zur Straßenführung, vier Häuser in Hinterhoflage erstrecken. Der kleine Parkplatz davor ist eine Bombenlücke aus dem Zweiten Weltkrieg. Bei den Häusern in der Humboldtstraße

BARMBEK-SÜD (DER WESTEN)

106 A,B bis 108 A,B handelt es sich um einige der wenigen noch erhaltenen Terrassenbauten in Barmbek. Kurioserweise liegen sie auf ursprünglich Uhlenhorster Gebiet (vgl. vorige Station). Entlang der Humboldtstraße lassen sich noch einige weitere Terrassen bzw. Passagen finden, die einer aufwendigen Sanierung bislang allesamt entgangen sind. Um eine typische Passage zu sehen, überqueren wir wieder die Mozartstraße und folgen der Humboldtstraße bis Hausnummer 120. Im Nachkriegsklinker öffnet sich ein „Torbogen" zum Hinterhof. Von hier können wir bis zur parallel verlaufenden Schumannstraße spazieren und bekommen dort wie auch bei den Hausnummern 135 A/136 A einen guten Eindruck von der Enge und Schattenlage der Terrassen-/Passagenhäuser. Die Humboldtstraße lässt noch gut die Struktur der Mietskasernen- und Hinterhofbebauung der Vorkriegszeit erahnen. Dieser Teil Barmbek-Uhlenhorsts war zur damaligen Zeit ein Paradebeispiel von „basch". Die ungesunde enge Bebauung, die teilweise noch aus dem ausgehenden 19. Jahrhundert stammte (Haus Nr. 106, 1890 gebaut), hatte nichts von dem Komfort der modernen Arbeiterhöfe in Barmbek-Nord oder auf dem Dulsberg aus den 1920er Jahren. Dementsprechend war das Milieu rund um die Humboldtstraße auch stärker von sozialer Randständigkeit geprägt als andere Teile Barmbek-Süds. Bei den Reichstagswahlen 1932 entfielen vierzig Prozent der Stimmen aus den beiden Wahlbezirken rund um die Humboldtstraße auf die KPD, die damit noch knapp vor der SPD mit einem Anteil von 36 Prozent lag.

Heute findet auch hier ein Aufwertungsprozess statt, immer mehr Eigentumswohnungen entstehen. Neben der Ilse-Löwenstein-Schule, einer Stadtteilschule, befindet sich ein großes, graues Relikt aus dem Zweiten Weltkrieg, das seit einiger Zeit eine interessante Krone trägt. Die zwei neuen Eigentümer des Bunkers haben sich jeweils ein Eigenheim auf das Dach gebaut. An der bestehenden Nutzung als Musikbunker rütteln sie vorerst jedoch nicht. Im Bunker werden in den zahlreichen Proberäumen auch weiterhin die Saiten und Drumsticks geschwungen.

Wir kehren nun zu unserer eigentlichen Route zurück und gehen die Humboldtstraße in südlicher Richtung entlang bis zur Beethovenstraße,

BARMBEK-SÜD (DER WESTEN)

10 INNENANSICHT DES BARTHOLOMÄUSBADS BEI DER TAUFE DER ELIM CHRISTENGEMEINDE, 1931

in die wir nach links abbiegen. Dieser folgen wir etwa 350 Meter weit, bis rechts die Bartholomäusstraße abzweigt.

7 BARTHOLOMÄUS-THERME

Von der Kreuzung Beethoven-/Flotow-/Bartholomäusstraße aus sieht man schräg gegenüber vom Sportplatz die großen Gebäude des Bartholomäusbads. Als das dicht besiedelte Barmbek im ausgehenden 19. Jahrhundert nach Hamburg eingemeindet wurde, war schnell klar, dass der neue Stadtteil eine große öffentliche Badeanstalt benötigte, denn die meisten Mietskasernen und Terrassen in „Barmbek basch" besaßen keine Badezimmer. So wurde 1908/09 unweit der Bachstraße das Bartholomäusbad eingeweiht. Und auch das umliegende Uhlenhorster Milieu bedurfte dieser Institution nicht minder. Die prächtige Badeanstalt – die zunächst

BARMBEK-SÜD (DER WESTEN)

11 BADEANSTALT UND STANDESAMT, 1912

in Hammerbrook gebaut werden sollte, aber wegen der enormen Bevölkerungsdichte schließlich hier verwirklicht wurde – hatte nicht nur zwei nach Geschlechtern getrennte Schwimmhallen zu bieten (Abb. 10), sondern außerdem dreißig Brause- und 77 Wannenbäder.

Die „Baddlo", wie sie von den Alt-Barmbekern noch heute liebevoll genannt wird, war aber nicht nur eine Einrichtung zur Beförderung der Hygiene. Sie beherbergte auch das Barmbeker Standesamt (Abb. 11) und eine Bücherhalle. Die von der Patriotischen Gesellschaft im Jahr 1909 eröffnete öffentliche Bücherhalle war die vierte Bücherleihstelle dieser Art überhaupt in ganz Hamburg und im Arbeiterstadtteil Barmbek als Volksbibliothek ein gut frequentierter Ort. Alle drei Institutionen hatten einen gesonderten Eingang. Später machte die Zusammenlegung von Ämtern, öffentlichen Badeanstalten und Bücherhallen in Hamburg Schule und wurde an mehreren Standorten in gleicher Weise realisiert.

BARMBEK-SÜD (DER WESTEN)

Im Feuersturm 1943 wurde die „Baddlo" hart getroffen, aber nach dem Krieg nahezu in den Originalzustand zurückversetzt. Lediglich der Dachstuhl wurde nicht ganz so schmuck ausgebaut wie zuvor und das schöne Eingangsgebäude mit seinen vormals drei Eingängen durch einen sehr einfachen Zweckbau ersetzt. Bereits 1945 wurde die Frauenhalle (links) wieder in Betrieb genommen, 1952 folgte die Männerhalle (rechts). Erst 1972 wurde die Geschlechtertrennung aufgehoben. Mitte der 1990er Jahren (1995) wurde das Schwimmbad komplett neu aufgestellt: Die Männerhalle wurde in eine Therme umfunktioniert, die kleinere, ehemalige Frauenhalle ist heute eine reine Sportschwimmhalle. Leider wurden im Zuge des Baus der Therme die gemauerten Umkleidekabinen, wie man sie aus dem Holthusenbad an der Kellinghusenstraße in Eppendorf noch kennt, abgerissen und durch gesichtslose Stellwand-Kabinen ersetzt.

Wir folgen nun der Bartholomäusstraße, die ihren Namen dem schon erwähnten Kätner und damaligen Grundeigner John Bartholomäus Bull verdankt, bis zur nächsten Straße „Beim alten Schützenhof".

8 LORD VON BARMBECK

Der Name „Beim alten Schützenhof" deutet auf eine historische Nutzung: Dort, wo sich der Spielplatz erstreckt, die nachfolgenden Neubauten wie auch die Bartholomäus-Therme, befand sich einst der Standort eines Schützenhofs. Als er 1862 vor den Toren Hamburgs errichtet wurde, war Barmbek noch keine amtliche Vorstadt und lag noch ziemlich im Grünen. Das rasante Stadtwachstum führte an der Wende zum 20. Jahrhundert jedoch zu einer zügigen Umschließung des Schießplatzes mit Wohnbebauung und Geschäften. Als 1898 ein Anwohner durch einen Querschläger zu Tode kam, wurde die Umsiedlung des Schützenhofs beschlossen. Im Jahr 1900 zog er nach Barmbek-Nord, an die Bramfelder Straße. Heute befindet sich dort die Hamburgische Schiffbau-Versuchsanstalt.

Auf dem Bürgersteig stehend, die StadtRad-Station Bartholomäusstraße im Rücken, haben wir einen guten Blick auf die Häuser Beim alten

BARMBEK-SÜD (DER WESTEN)

12 LORD VON BARMBECK, 1911

Schützenhof 20–22. Dieses Ensemble ist auch unter dem Namen „Lord-Häuser" bekannt, der sich dem „Lord von Barmbeck" verdankt. 1882 in Hamburg-Hamm geboren und von seinen Eltern auf den Namen Julius Adolf Petersen getauft, wurde dieser in der späten Kaiserzeit und in den Jahren der Weimarer Republik zu einem hamburgweit bekannten Verbrecher (Abb. 12, vgl. Leute aus Barmbek, Eilbek und Dulsberg). Er war der Einbrecher- und Tresorknackerkönig seiner Zeit und gelangte mit seinen Diebeszügen zu beträchtlichem Vermögen. Zwei Jahre nach der Barmbeker Eingemeindung zog seine Familie in die Heitmannstraße, gegen 1904 übernahm er gemeinsam mit seinem Bruder die Kellerkneipe im Eckhaus Beim alten Schützenhof 20 / Bartholomäusstraße. Insbesondere nach dem Ersten Weltkrieg landete Petersen mit seiner „Barmbecker Einbrechergesellschaft" – so die Selbstbezeichnung der Truppe – mehrere spektakuläre Coups, darunter ein Überfall auf die Farmsener Trabrenngesellschaft, der Raub der Amtskasse in der Sternwarte und der einträglichste Beutezug im Postamt an der Susannenstraße, wo der „Petersen-Konzern" stolze 220 000 Mark Bargeld erbeutete. Insgesamt werden dem Lord von Barmbeck und seiner Gang über 200 Delikte zugeordnet. Nach mehreren kurzen Gefängnisaufenthalten folgte von 1924 bis 1932 die längste Inhaftierung. Während dieser Zeit verkaufte der Bruder die gemeinsame Kneipe. Bereits ein Jahr nach der langen Haft kam Petersen erneut ins Gefängnis, wo er sich erhängte. Seinen Spitznamen als „Lord" bekam der Gentleman-Verbrecher vom „Hamburger Fremdenblatt" verliehen – wegen seines stets gepflegten Erscheinungsbilds. Er war immer tadellos gekleidet und pflegte trotz seiner Herkunft aus ärmlichen Verhältnissen nahezu bürgerliche Umgangsformen.

Die Lordhäuser sind die ältesten noch erhaltenen Bauten ihrer Art in Barmbek. Die Mietshäuser wurden bereits 1867 gebaut und beherbergten die ersten Arbeiter. Im Hinterhof steht noch das Hinterhaus. Kompakt gebaut, mit vierzig bis sechzig Quadratmeter großen Wohnungen, die, um keinen Platz zu vergeuden, auf Flure verzichteten, nahm von hier ausgehend die städtische Erschließung des Dorfs Barmbek ihren Lauf. Wenn wir hier den Blick einmal kreisen lassen, wird Barmbeks Bauboom in dieser Zeit an wenigen benachbarten Häusern ablesbar: Das Haus gegenüber den Lordhäusern, in der Bartholomäusstraße 75, wurde etwa drei Jahre nach den Lordhäusern – um 1870 – gebaut. Das Eckhaus mit dem alten Kneipenschild (Beim alten Schützenhof 16) entstand 1876 und hat schon ein Geschoss mehr. Noch ein Stückchen weiter rechts, hinter dem Ford-Schild, ist das große Gründerzeithaus Beim alten Schützenhof 6 schon deutlich größer. Und in unserem Rücken, an der Bartholomäusstraße 15, erhebt sich ein dunkelroter Klinkerbau aus den 1920er Jahren im Schumacherstil. Im Eckladen war übrigens bis in die 1960er Jahre eine Verkaufsstelle der PRO untergebracht.

Durch Glück und den beherzten Einsatz seiner damaligen Bewohner hat das Ensemble der Lordhäuser den Zweiten Weltkrieg überlebt. Dass es uns heute noch ein historisches Zeugnis der städtischen Frühzeit Barmbeks gibt, ist nicht selbstverständlich. Jahrzehntelang wurde von den – nicht vor Ort lebenden – Eigentümern keinerlei Investition getätigt, und als es 2011 den Besitzer wechselte, sollte der Sanierungsstau durch Abriss gelöst werden. Zu diesem Zeitpunkt waren die Gebäude jedoch schon als denkmalwürdig eingestuft, mittlerweile sind sie denkmalgeschützt. Dank des Protests der Be- und Anwohner sowie der Initiative der Bezirkspolitik konnten sie erhalten werden. Das Ensemble der Lordhäuser wurde entkernt, im Jahr 2016 sind im Vorder- und im Hinterhaus sowie im angefügten Neubau (Bartholomäusstraße 72) 25 Eigentumswohnungen be-

BARMBEK-SÜD (DER WESTEN)

13 BLICK VOM MUNDSBURGER DAMM AUF DIE HAMBURGER STRASSE, LINKS DER WINTERHUDER WEG, UM 1910

zugsfertig. Betrachtet man die Neubauten Beim alten Schützenhof 10–12 (Sahne Kähler) wie auch in der Bartholomäusstraße 77 (Bartho Living), dann verschränken sich an dieser Kreuzung die Vergangenheit und die Zukunft Barmbek-Süds auf besonders prägnante Weise. Der massive Bau von Eigentumswohnungen des gehobenen Standards bringt zu Beginn des 21. Jahrhunderts eine starke soziale Veränderung des Stadtteils mit sich. Barmbek steckt mitten in der Gentrifizierung.

Wir folgen nun dem alten Schützenhof in östlicher Richtung bis zur Adolph-Schönfelder-Straße, wo wir rechts abbiegen und noch einige Meter bis zur großen Kreuzung an der Hamburger Straße gehen. Dort begeben wir uns auf die Fußgängerbrücke, in deren Mitte über der Hamburger Straße wir stehen bleiben.

BARMBEK-SÜD (DER WESTEN)

14 KARSTADT VOR DER ENGEN BEBAUUNG BARMBEK-SÜDS, UM 1935

9 HAMBURGER STRASSE

Auf der Rönnhaidbrücke stehend – der Name „Rönnhaide" erinnert an die vorstädtische Topografie und war auch der ursprüngliche Name der Adolph-Schönfelder-Straße –, können wir unschwer das städtebauliche Leitbild der Nachkriegs- und Wirtschaftswunderzeit erkennen: Mit dem Wiederaufbau nach dem Zweiten Weltkrieg entstand die autogerechte Stadt. Die Hamburger Straße bildet mit der Oberaltenallee die breite Verkehrsschneise aus dem Hamburger Nordosten in die City. Folgt man der Hamburger Straße gen Süden, so bildet sie eine Blickachse genau in Richtung des Hamburger Rathauses. In entgegengesetzter Richtung erreicht man den Barmbeker Burplatz und den Barmbeker Markt. Die Hamburger Straße ist die einzige Straße mit diesem Namen, die diesen nach der Stadterweiterungsphase des ausgehenden 19. Jahrhunderts behalten durfte. Schon seit dem Mittelalter war sie Bestandteil des Verbindungswegs zwischen Hamburg und Lübeck. Wie bereits geschildert, begann die städtische Erschließung Barmbeks rund um die Hamburger Straße, sodass sich hier mit zahlreichen Geschäften und Cafés schon früh geschäftiges Treiben entfaltete (Abb. 13).

Öffentlicher Nahverkehr verband bereits seit der Mitte des 19. Jahrhunderts die Hamburger Altstadt mit Barmbek. Der heutige Grünstreifen zwischen der Hamburger Straße und der Oberaltenallee war noch bis 1943 dicht mit Cafés und Geschäften bebaut. 1910 nahm das größte Kino Barmbeks, das Palast-Theater, an der Hamburger Straße 5–7 seinen Spielbetrieb auf. Mit über 1500 Sitzplätzen war es das größte, jedoch nicht das einzige Lichtspielhaus rund um die Hamburger Straße. Barmbek belegte mit seiner Kinodichte kurz vor dem Ersten Weltkrieg hamburgweit Platz 3 der Orte mit Spielstätten für die flimmernden Bilder. Auch die Unterhaltungsindustrie sorgte also für regen Betrieb an der Hamburger Straße. 1903, bereits sechs Jahre vor Fertigstellung der Mönckebergstraße, eröffneten die Brüder Heilbuth an der Ecke Hamburger Straße/Rönnhaidstraße (heute Adolph-Schönfelder-Straße) das damals größte Warenhaus ganz Hamburgs. Die gut laufenden Geschäfte veranlassten 1927/28 schließlich die Rudolph Karstadt AG dazu, anstelle des Heilbuthschen ein noch größeres Kaufhaus mit markanter und stilprägender Architektur zu bauen. Das Karstadt-Kaufhaus mit seinem 36 Meter hohen, nachts an der Spitze beleuchteten Turm wurde 15 Jahre lang die Attraktion des Ortes (Abb. 14). Nicht zuletzt die Rolltreppen, die 32 Schaufester und der Dachgarten mit Café lockten Menschen aller Schichten aus allen Stadtteilen hierher.

Wie so vielen Orten in Barmbek brachte die Operation Gomorrha im Sommer 1943 auch diesem Teil Barmbeks Tod und Zerstörung. Gut ein Drittel der Barmbeker Todesopfer dieser Nächte starben in einem der beiden unter dem Karstadtgebäude befindlichen Bunker. Das eingestürzte Haus versperrte den Ausgang aus dem öffentlichen Bunker und ließ dort etwa 370 Menschen ersticken. Anfang der 1960er Jahre galt Barmbek-Süd zwar als wiederaufgebaut, der lebendige Boulevard an der

BARMBEK-SÜD (DER WESTEN)

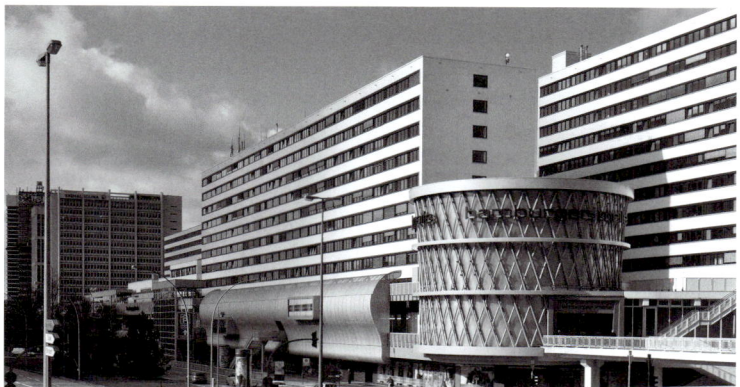

15 HAMBURGER MEILE

Hamburger Straße entstand dabei freilich nicht wieder. Seit 1970 kann man hier wieder shoppen, allerdings hat der Komplex die Form einer überdachten Einkaufspassage. Es war das zweite Shopping-Center dieser Art überhaupt in Hamburg und ist heute noch die längste Konsummeile in einem Gebäude in ganz Deutschland. Karstadt knüpfte mit einem deutlich verkleinerten Standort und einem Möbelhaus an seine hiesige Tradition zwar an, ist aber kurz vor der Neugestaltung des Einkaufszentrums durch die neuen Besitzer und Betreiber H.F. Bruhn sowie ECE in den Jahren 2008 bis 2010 endgültig von hier verschwunden. Heute trägt das Einkaufszentrum Hamburger Straße den Namen „Hamburger Meile" (Abb. 15).

Unser Rundgang endet hier. Wenn wir der Brücke folgen, stoßen wir auf den U-Bahnhof Hamburger Straße. Er wurde 1912 als Teil der ersten Hamburger U-Bahn-Strecke, der Ringbahn, eingeweiht und trug – nach der ihn passierenden Wagnerstraße – bis 1970 noch den Namen „Wagnerstraße". Die in südlicher Richtung parallel verlaufende Straße ist übrigens die Richardstraße.

ADRESSEN TOUR 4

BARS / KNEIPEN / NACHTLEBEN

Don Tapas
Weidestraße 129
www.dontapas.de
→ *kleine, aber feine Tapasbar*

Freundlich+Kompetent
Hamburger Straße 13
www.freundlichundkompetent.de
→ *junge Bar mit Liveprogramm – Betreiber sind auch Organisatoren des Ramba Zamba Indoor Festivals*

Sky & Sand Beachclub Hamburg
Humboldtstraße 6
www.skyandsand-beachclub.com
→ *Barmbeks Strand auf dem Dach des Einkaufszentrums Hamburger Meile*

CAFÉS / RESTAURANTS

Curry-Pirates
Mozartstraße 23
www.curry-pirates.de
→ *Gourmet-Currywurst aus eigener Herstellung!*

Käthners 23
Käthnerort 23
http://käthners23.de
→ *uriges kleines Restaurant*

Café May
Von-Axen-Straße 2
www.may-cafebar.de
→ *gemütliche Filiale der Café- und Bäckereikette*

Bäckerei Pritsch
Beethovenstraße 20
www.baeckerei-pritsch.de
→ *Barmbeker Filiale der Uhlenhorster Bäckerei von 1948 – noch echtes Bäckereihandwerk*

Spajz
Flotowstraße 22
http://spajz.de
→ *Bistro mit exquisiter Küche*

LÄDEN

baldawin interior
Beethovenstraße 30
www.baldawin.com
→ *individuelles Interiordesign, Möbelaufwertung und Kunstmalerei für das besondere Extra zuhause*

Kukulino
Heitmannstraße 54
→ *neue und gebrauchte Kindermode und alles, was Kinderherzen höher schlagen lässt*

Modellbahnkiste
Von-Axen-Straße 1
www.modellbahnkiste.de
→ *alles für Miniatur-Lokomotivführer*

ADRESSEN TOUR 4

Narino Mode
Mozartstraße 12
→ *Modedesignerin mit individuellen Anfertigungen*

Regenwölkchen
Imstedt 40
www.regenwoelkchen.de
→ *des Barmbekers individueller Schutz vor Hamburger Schietwetter; bunte, regendichte Taschen und Fahrradschutz*

FREIZEIT / SPORT

Bäderland Bartholomäus-Therme
Bartholomäusstraße 95
www.baederland.de/bad/bartholomaeus-therme.html
→ *Entspannen in der Therme und Sauna oder sportliches Schwimmen im Bad nebenan*

Hamburg Escape
Humboldtstraße 51–55
www.hamburg-escape.com
→ *Abenteuerspielplatz für Große; Umsetzung von Computerspielen in die reale Welt*

HRC-Clubheim
Imstedt 6, www.hrc-rugby.de
→ *Zentrale des Hamburger Rugby-Clubs. Wer Mitglied werden oder professionell Petanque (Boule) spielen möchte, schaut hier vorbei.*

Töpferschule im Keramik Art Studio
Humboldtstraße 126
www.toepferschule.de
→ *schöne, handgefertigte Keramik-Einzelstücke und Workshops rund ums Töpfern*

SV Uhlenhorst Adler
Beethovenstraße 51
http://uhlenhorst-adler.de
→ *Ballsport-Institution in Barmbek-Süd*

KULTUR

Gila School
Heinrich-Hertz-Straße 135
www.gilaschool.de
→ *Tanz- und Theater-Schule für Kinder und Jugendliche*

Rigpa – Zentrum Hamburg
Mozartstraße 19
www.rigpa.de
→ *kleine buddhistische Gemeinde der tibetischen Tradition, Workshops zu Meditation und Co., auch für Nicht-Buddhisten*

SOZIALES / NON-PROFIT

Trockendock
Elsastraße 41
www.trockendock-hamburg.de
→ *Jugendmusikzentrum mit Café, Jams, Konzerten, Workshops und Proberäumen für Jugendliche*

BARMBEK-SÜD (DER OSTEN) 5

Vogelweide ★ Kreuzkirche, BARMBEK°BASCH und „Burg" ★ Hansa-Kolleg ★ Gedenkstein Franzosenzeit und Heinrich-Grosz-Hof ★ Alter Teichweg ★ Daniel Bartels-Hof ★ Haus Flachsland und Barmbeker Markt ★ Dominikanerkloster und St. Sophien ★ Schleidenpark ★ Bugenhagenkirche

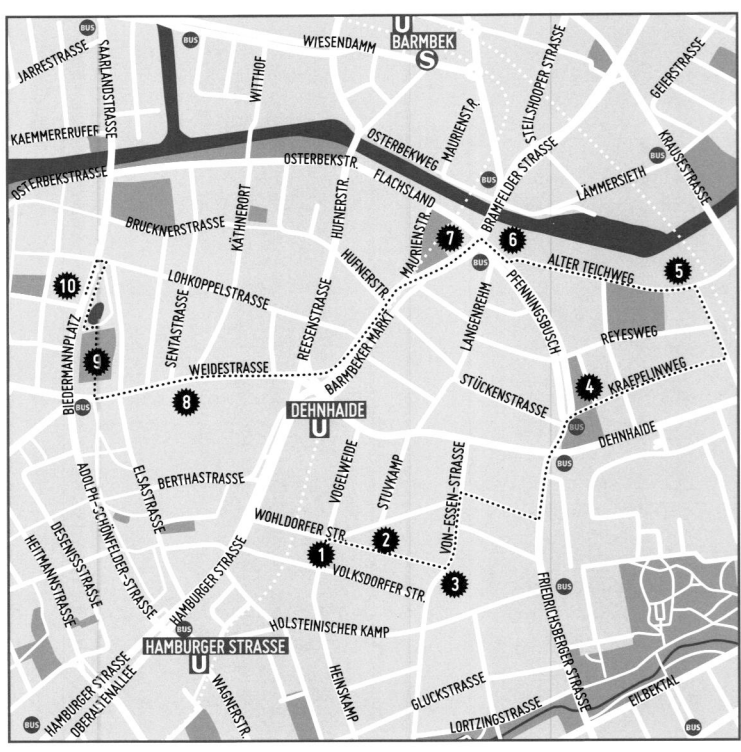

BARMBEK-SÜD (DER OSTEN)

STARTPUNKT: U-Bahn-Station Dehnhaide (U3)
ENDPUNKT: U-Bahn-Station Dehnhaide/U-Bahn-Station Saarlandstraße (beide U3)
DAUER: etwa 2 Stunden

Dieser Rundgang durch Barmbek-Süd führt in zehn Stationen durch die Gegend rund um die Dehnhaide. Der Name der Straße geht vermutlich auf eine Flurbezeichnung zurück. „Denne" ist das niederdeutsche Wort für Niederung. Der historische Kontrast könnte in dieser Gegend nicht größer sein. Wo sich einst landschaftlicher Boden befand, ist die Gegend heute von Mietshäusern der Nachkriegszeit und von Gewerbeflächen geprägt. Aber auch hier hat sich ein Teil des ursprünglichen Barmbeks erhalten, der von der Geschichte des Stadtteils erzählt.

1 VOGELWEIDE

Wir nehmen den U-Bahn-Ausgang in Richtung Vogelweide. Unten angekommen halten wir uns links und gelangen so in die Straße Vogelweide. Nach einigen Metern gelangen wir rechter Hand auf einen von Bäumen umgebenen Platz zwischen Volksdorfer Straße und Wohldorfer Straße, den Quartiersplatz Vogelweide (Abb. 1). Hier findet seit 2004 ein wöchentlicher Markt statt, was diesen Ort zu einem nachbarschaftlichen Treffpunkt im Viertel gemacht hat. Der Ort ist daneben aber auch stadthistorisch bedeutsam. Vor 1933 war der Platz an der Vogelweide auch als „Roter Platz" bekannt – in Anlehnung an den gleichnamigen Platz in Moskau. Denn in den Straßen rundherum war eine Hochburg der KPD, und 1923 fand hier der „Hamburger Aufstand" statt (vgl. Exkurs, S. 148).

An diesen Aufstand erinnert seit 2007 ein Kunstwerk des Künstlers Heiko Karn (*1971). Es trägt den Titel „Unter der Oberfläche" und wurde im Zuge des städtischen Programms „Kunst im öffentlichen Raum" als dauerhafte künstlerische Arbeit geschaffen. Bestehend aus einem run-

BARMBEK-SÜD (DER OSTEN)

1 QUARTIERSPLATZ VOGELWEIDE

den Sockelelement aus farbigen Klinkersteinen und roten Schriftzügen in Fahrbahnmarkierungsfarbe auf dem Boden, erschließt es sich vollständig erst bei einem Spaziergang über den gesamten Platz (Abb. 2+3). Der aufmerksame Betrachter kann dort die Titel der mehr oder weniger bekannter Autobiografien: Ich habe alles gelebt – Und flüstere mir vom Leben – Verwandlungen – Unpolitische Erinnerungen – Das Nahe und das Ferne – Eine andere Wirklichkeit – Ich verzeihe keinem – Mit meinen Augen – Und morgen wird alles anders – Streitbares Leben, lesen.

Heute kaum mehr vorstellbar ist, dass sich an dieser Stelle einst eine parkähnliche Anlage befand. „Von Essens Garten" reichte von der Hamburger Straße im Westen bis an die heutige Von-Essen-Straße im Osten, im Norden und Süden war der Garten durch die Wohldorfer Straße und die Volksdorfer Straße begrenzt. Gerhard Heinrich von Essen (1770–1833) hatte das Gebiet bereits Ende des 18. Jahrhunderts erworben und in den Folgejahren zu einem baumreichen Landschaftspark mit Teichen und Spazierwegen ausgebaut. Da die Anlage der Öffentlichkeit zugänglich war, kamen die Hamburger am Wochenende gern ins Dorf Barmbek, um hier ein paar erholsame Stunden zu verbringen. Nach einem Spaziergang konnten sie sich vor Ort in „Von Essens Garten", dem Gartenrestaurant gleichen Namens, erfrischen.

Ende des 19. Jahrhunderts wurde der Baumbestand durch den damaligen Besitzer abgeholzt, das Gartenrestaurant wurde abgebrochen, und dem ländlichen Vergnügen war vorerst ein Ende gesetzt. 1889 eröffnete an etwa gleicher Stelle ein neues Lokal, der Victoria-Garten. Das Vergnügen spielte sich von nun an eher drinnen als draußen ab, denn das neue Etablissement verfügte über zwei Tanzsäle, in denen auch Theateraufführungen dargeboten wurden.

Aufgrund der zunehmenden Verstädterung Barmbeks und der damit einhergehenden steigenden Einwohnerzahl wurden bald dringend neue Flächen für den Wohnungsbau benötigt. So wurde um 1900 auch der Victoria-Garten abgebrochen, und an seiner statt entstanden neue Wohnbauten. Allerdings konnte der Richtung Wohldorfer Straße gelegene Tanzsaal dem Abriss entgehen. Bis 1923 schwang die Barmbeker Bevölkerung hier weiter das Tanzbein. Danach zog mit den „Welt-Lichtspielen" eines der zahlreichen Barmbeker Kinos ein (Abb. 4). Das Gebäude wurde bei den Luftangriffen auf Hamburg im Zweiten Weltkrieg zerstört.

An Gerhard Heinrich von Essen erinnert bis heute nicht nur die Von-Essen-Straße, sondern auch zahlreiche weitere Straßen in Barmbek-Süd

2+3 SCHRIFTZÜGE AUF DEM QUARTIERSPLATZ VOGELWEIDE

BARMBEK-SÜD (DER OSTEN)

4 WELTLICHTSPIELE, 1928

verdanken ihre Namen dem Gründer des Parks. Nämlich all jene, die nach Vögeln benannt wurden. Die Vogelweide ist nur ein Beispiel hierfür. Von Essen war ein großer Vogelliebhaber, in seinem Park schuf er verschiedene Nistplätze und sorgte so für Artenvielfalt. Die Parkbesucher konnten auf diese Weise während ihres Spaziergangs ein wahrhaftes Naturkonzert erleben.

ROTES BARMBEK

Die Zeit der Weimarer Republik war auch in Barmbek politisch turbulent. Das „rote Barmbek" manifestierte sich nicht nur in den großen Klinkerbauten in Barmbek-Nord und Dulsberg, sondern auch die vorherrschende politische Gesinnung gab dem größten Hamburger Arbeiterstadtteil eine rote Prägung. SPD und KPD waren im Stadtteil fest etabliert und beschränkten sich keineswegs auf die Parteiarbeit. Durch ihre Jugendgruppen, Sportgemeinschaften und Bildungszirkel für Erwachsene hatten sie maßgeblichen Einfluss auf die Jugend- und Kulturarbeit in Barmbek, sodass die Kirchen – die angestammten Akteure auf diesem Feld – mit der Arbeiterkultur einen ernst zu nehmenden Konkurrenten bekamen. Nicht selten wähnten sich die Kirchenvertreter in Barmbek eher in einem Missions- denn in ihrem Gemeindegebiet.

Bereits in vorrepublikanischer Zeit um 1910 hatte – mit steigender Tendenz – jedes fünfte Hamburger SPD-Mitglied in Barmbek gelebt, und schon in den 1920er Jahren gab es zwei Barmbeker SPD-Bezirke, wobei Barmbek-Süd das mitgliederstärkste Territorium der Partei in ganz Hamburg war. Insbesondere hier, rund um die Humboldt- und die Bachstraße sowie den „Roten Platz" an der Vogelweide (Dehnhaide), war aber auch die KPD ansässig und lag in diesen Gebieten bei der letzten Reichstagswahl vom März 1933 sogar noch vor der SPD. Insgesamt entfielen bei der letzten freien Wahl der Weimarer Republik mehr als fünfzig Prozent der Stimmen in Barmbek auf die beiden Parteien.

Aber der Riss innerhalb der Arbeiterbewegung ging auch durch Barmbek. Nicht selten gerieten Anhänger beider Parteien aneinander, zumal ihre jeweiligen Kampfverbände – das „Reichsbanner" (in Barmbek eindeutiger als andernorts mit der SPD verknüpft) und der kommunistische „Rotfrontkämpferbund" – ihren Versammlungsort jeweils am „Roten Platz" hatten. Der gemeinsame Feind, die NSDAP, war bis 1932 hingegen noch keine Größe im Stadtteil, und die SA suchte hier kaum die offene Konfrontation.

Höhepunkt des roten Bruderkriegs war der Hamburger Aufstand von 1923. In diesem Jahr erschütterten mehrere politische und wirtschaftliche Krisen die Weimarer Republik. Die Gunst der Stunde versuchte die KPD zu nutzen, um nach dem Vorbild der Oktoberrevolution von 1917 ein „Sowjetdeutschland" auszurufen. Nachdem sich für einen den Umsturz vorbereitenden Generalstreik jedoch keine Unterstützung

BARMBEK-SÜD (DER OSTEN)

der Massen abzeichnete, ließ die Parteiführung ihre Pläne dafür am 21. Oktober wieder fallen. Die „Sektion Wasserkante" wollte sich dem Rückzieher allerdings nicht fügen und leitete in der Nacht vom 22. auf den 23. Oktober den Hamburger Aufstand ein. Um die Revolution im Sinne Moskaus doch noch lostreten zu können, handelten die Hamburger KPD-Führer Hugo Urbahn und Ernst Thälmann dabei vermutlich eigenmächtig.

Da den Genossen nicht genügend Waffen zur Verfügung standen, planten sie diese durch Überfälle auf 24 Polizeiwachen in Hamburg und Umgebung zu beschaffen. Pünktlich um fünf Uhr morgens schlugen sie zu. So wurden auch in Barmbek die Wachen am Markt, am Holsteinischen Kamp und in der Drosselstraße gestürmt und anschließend im Gebiet zwischen Pfenningsbusch im Osten, Holsteinischem Kamp im Süden sowie der Hamburger Straße und dem Barmbeker Markt im Westen – also rund um den „Roten Platz" – Barrikaden errichtet. Barmbek-Süd wurde zu einem Hauptkampfplatz des Hamburger Aufstands.

Die militärische Leitung der aufständischen Kampfverbände oblag Hans Kippenberger, der selbst in Barmbek lebte und hier die „proletarischen Hundertschaften" – Vorläufer des Rotfrontkämpferbunds – kommandierte. Anders als die anderen Schauplätze der Revolte in Hamburg konnten die Barmbeker Barrikaden und die besetzten Polizeiwachen von den Putschisten einen ganzen Tag lang gehalten werden. Aber die Barmbeker kämpften auf einsamem Posten, sodass Kippenberger schließlich der Parteiführung folgte und den nächtlichen Rückzug anordnete. Der morgendliche Angriff der Ordnungspolizei am 24. Oktober lief ins Leere, die Kämpfer konnten sich einer Verhaftung entziehen. Ermöglicht wurde der von einem SPD-Senator verantwortete Polizeieinsatz durch das Zuhilfeeilen der sozialdemokratischen „Vereinigung Republik" (einer Vorläuferin des „Reichsbanners", das erst 1924 gegründet wurde). Diese bezog Posten am Hafen und setzte so die für den Einsatz erforderlichen Polizeikräfte frei.

BARMBEK-SÜD (DER OSTEN)

Der Hamburger Aufstand scheiterte zwar, konnte aber im Nachhinein von der KPD als „proletarische Erhebung gegen die Kräfte der Bourgeoisie" verklärt und heroisiert werden. Von dem aus Eilbek stammenden Ernst Thälmann, der ab 1925 den Vorstand der Partei und des Rotfrontkämpferbunds innehatte, blieb das mythische Bild eines Mannes der Tat.

Wer an dieser Stelle einen Blick auf den ehemaligen Standort der Barmbeker Synagoge werfen möchte, folgt dem Abstecher-Tipp in die Gluckstraße. Ansonsten führt uns der Weg nun am nördlichen Ende des Platzes nach rechts in die Wohldorfer Straße.

→ ABSTECHERTIPP
EHEMALIGE SYNAGOGE GLUCKSTRASSE 7–9

Wir folgen der Vogelweide, die jenseits des Holsteinischen Kamps in den Heinskamp übergeht, nach Süden. Dem Heinskamp folgen wir, bis dieser in die Gluckstraße mündet, hier halten wir uns rechts und gehen bis zum Haus mit den Nummern 7–9.

Von der einstigen Barmbeker Synagoge ist leider nichts mehr zu sehen. Einzig eine in den Boden eingelassene Gedenktafel aus Bronze erinnert mit dem Psalm „Siehe, wie schön und lieblich ist es, wenn Brüder einträchtig beieinander wohnen" seit 1990 an ihre frühere Existenz. Die Synagoge „Schewes Achim" (Brüdereintracht) wurde von Semmy Engel (1864–1948), dem Architekten der Bornplatzsynagoge im Grindelviertel, für den Lernverein „Jüdischer Gemeinschaftsbund Barmbeck, Uhlenhorst und Umgebung" erbaut und 1920 eingeweiht. In der orthodoxen Synagoge fanden sechzig Männer und 48 Frauen Platz. Nachdem Anfang des 20. Jahrhunderts die Zahl jüdischer Familien im Stadtteil gestiegen war, war ein eigenes Gotteshaus in dieser Gegend nötig geworden. Die Existenz der Synagoge war jedoch nicht von langer Dauer. Zwar wurde der Bau von den Zerstörungen des Novemberpogroms am 9. November 1938 weitgehend

verschont, jedoch wurde das Gotteshaus im selben Jahr zwangsweise geschlossen und die Gemeinde im darauffolgenden Jahr gezwungen, das Gebäude an nicht-jüdische Käufer zu veräußern. Bei den Luftangriffen im Sommer 1943 wurde der Bau gänzlich zerstört. Heute befindet sich an dieser Stelle ein Neubau, der von der Christus-Gemeinde Barmbek-Süd genutzt wird.

2 KREUZKIRCHE, BARMBEK°BASCH UND „BURG"

In der Wohldorfer Straße gelangen wir nach wenigen Metern zu einer Kirche. Die Kreuzkirche wurde 1962 von dem Architekten Heinrich Biesterfeld erbaut. Es handelt sich um einen eher schlichten Bau aus hellen Klinkersteinen mit einem frei stehenden Kirchturm (Abb. 5). Eine von dem Bildhauer Klaus-Jürgen Luckey (1934–2001) gestaltete Tür, ebenfalls aus dem Jahr 1962, führt in das Innere des Gebäudes. Im Chor der Kirche befindet sich ein eindrucksvolles farbiges Fenster des Malers und Bildhauers Hanno Edelmann (1923–2013).

Die Geschichte der Kirche ist weitaus älter als der Bau selbst. Sie geht zurück auf die „Barmbeker Sonntagsschule", die 1826 eingerichtet wurde. Die Sonntagsschule stand am Beginn der kirchlichen Arbeit im heutigen Stadtteil Barmbek. Nachdem es bereits in St. Georg eine Sonntagsschule gab, wurde kurz darauf auch in Barmbek der Unterricht eingeführt. Der Bauer Bartholomäus John Bull trug seinen Teil zur Bildung der Kinder bei, indem er Räumlichkeiten in seinem Haus zur Verfügung stellte. Die Idee der Sonntagsschule stammte ursprünglich aus England. Vor allem Kinder aus den ärmeren Bevölkerungsschichten sollten hier anhand der Bibel lesen und schreiben lernen. Zunehmend wurde der Unterricht aber auch auf weltliche Stoffe und Fächer ausgedehnt. Den Eltern kam der Unterricht für die Kinder am Sonntag entgegen. An diesem Ruhetag durfte ohnehin nicht gearbeitet werden, so waren die Kinder als Arbeitskräfte entbehrlich. 1848 wurden der Gottesdienst und die Bibelstunden auch für Erwachsene angeboten. Für die kirchliche Arbeit mussten nun neue

BARMBEK-SÜD (DER OSTEN)

Räumlichkeiten geschaffen werden, denn die Bevölkerung Barmbeks war im Zuge einer allgemeinen Verstädterung und der Aufhebung der Hamburger Torsperre 1860/61 rasch angewachsen. Am Holsteinischen Kamp wurde 1866 eine Kapelle errichtet, die für Gottesdienste genutzt werden konnte. Allerdings fanden diese ausschließlich am Nachmittag statt. Zu den Hauptgottesdiensten am Sonntagmorgen mussten die Barmbeker auch weiterhin nach St. Georg pilgern und ab 1885 zur Gemeinde St. Gertrud in Uhlenhorst. Zwar wurde 1887 die neue Kreuzkirche am Holsteinischen Kamp feierlich eingeweiht,

5 KREUZKIRCHE

ein eigener Kirchbezirk wurde Barmbek allerdings erst ab 1903 im Zuge der Einweihung der Heiligengeistkirche (vgl. Tour 4). Bei Luftangriffen während des Zweiten Weltkriegs 1943 wurden beide Kirchen zerstört.

1961 wurde der Grundstein der heutigen Kreuzkirche gelegt. Nach Entwidmung der Heiligengeistkirche und der Bugenhagenkirche (vgl. Station 10) ist die Kreuzkirche seit 2004 der zentrale Gottesdienstort des Bezirks Barmbek-Süd.

In unmittelbarer Nähe zur Kirche befindet sich ein moderner Gebäudekomplex, der sich durch seine hellen Klinkersteine an den Kirchbau anpasst. Er beherbergt das BARMBEK°BASCH. Das „Zentrum für Kirche, Kultur und Soziales" wurde 2010 eröffnet. Es wird von sieben verschiedenen Einrichtungen getragen und steht allen Altersgruppen im Stadtteil als Beratungs- und Veranstaltungszentrum oder einfach als Treffpunkt offen. Die „Bascherie" sorgt zudem mit Mittagstisch und nachmittäglichem Ku-

BARMBEK-SÜD (DER OSTEN)

6 WOHNBLOCK WOHLDORFER STRASSE

chenangebot dafür, dass das Zentrum ein gut frequentierter Anlaufpunkt ist. Das BARMBEK°BASCH hat sich im Stadtteil inzwischen fest etabliert und schlägt durch seinen Namen eine Brücke zum alten Barmbek (vgl. Exkurs, S. 114).

Wir folgen der Wohldorfer Straße und sehen nun linker Hand einen architektonisch eindrucksvollen Wohnblock. Rotklinker im unteren Gebäudeteil vereinen sich mit weiß verputzten Wänden in der oberen Hälfte zu einem harmonischen Ganzen (Abb. 6). Verschiedenfarbiger Fassadenschmuck zieht sich über das ganze Ensemble. Es handelt sich dabei um ein Mietshaus von 1901/02, genau genommen um eine sogenannte Hamburger Burg (vgl. Tour 4). Bauherr des Komplexes war der Genossenschaftliche Bau- und Sparverein, der diese Bauform zuvor bereits in Eimsbüttel eingeführt hatte. Über 200 Wohnungen fanden in dem Gebäude Platz. Obgleich die Grundstücksfläche nahezu vollständig ausgenutzt wurde, waren alle Wohnungen ausreichend mit Licht und Luft versorgt. Dies lag nicht zuletzt an der weitläufigen Grünfläche, die eine Art Vorhof des Komplexes bildet. Zwar gingen die Luftangriffe auf Hamburg 1943 auch an diesem Gebäude nicht spurlos vorüber, mit dem Wiederaufbau des Blocks wurde aber bereits 1945 begonnen. Heute zeigt er noch immer sein ursprüngliches Gesicht.

Wir folgen nun der Wohldorfer Straße, bis sie auf die Von-Essen-Straße trifft. Hier halten wir uns rechts und gelangen bald zu einem Schulgebäude auf der linken Straßenseite.

BARMBEK-SÜD (DER OSTEN)

 HANSA-KOLLEG

Wir stehen nun vor der ehemaligen Schule Von-Essen-Straße, dem einzigen Altbau in dieser Umgebung. Das Gebäude aus rotem Klinker passt sich mit seinem halbrunden Schwung an die Straßenführung an. Auffallend ist der weiße Schmuck an der Fassade und im Eingangsbereich. Insbesondere die Plastik des über ein Buch gebeugten Mädchens, an dessen Seite sich eine Katze schmiegt, fällt dem Betrachter ins Auge und stellt eine Beziehung zur Funktion des Gebäudes als Schule her.

Die einstige Schule Von-Essen-Straße wurde ab 1908 nach Entwürfen des Bauinspektors Albert Erbe (1868–1922) erbaut und konnte 1911 als Doppelschule für Knaben und Mädchen eingeweiht werden (Abb. 7). Allerdings hat sich der Bau im Laufe der Jahre verändert. Von den ursprünglich zwei Eingängen ist heute nur noch einer erhalten. Die helleren Klinker zur Rechten des heutigen Eingangs lassen aber noch den ehemaligen zweiten Eingang erahnen.

Während des Zweiten Weltkriegs wurde der Bau seiner Funktion beraubt. Öffentliche Dienststellen wie die Polizei und das Wirtschaftsamt bezogen die Schule. Später wurden unter anderem Kriegsgefangene hier einquartiert. Trotz der Zerstörung des Dachstuhls und der Turnhalle im Jahr 1943 konnte der Schulbetrieb gleich in der unmittelbaren Nachkriegszeit wieder aufgenommen werden. Erst in den 1960er Jahren wurden dann umfangreiche Sanierungsmaßnahmen an dem inzwischen recht maroden Schulgebäude vorgenommen. Heute beherbergt der Bau das Hansa-Kolleg. Die Kollegiaten können hier auf dem zweiten Bildungsweg oder nach Beendigung einer Ausbildung das Abitur nachholen. Im Unterschied zur Abendschule führt der Weg dorthin hier über rund drei Jahre Unterricht in Vollzeit. Das Hansa-Kolleg befand sich ursprünglich in einem alten Herrenhaus am Alsterlauf in Wellingsbüttel. Von 1971 bis 1978 war dort der Porträtzeichner Otto Kaiser-Quirin (*1927) als Schulleiter tätig. Dieser porträtierte während seiner künstlerischen Laufbahn neben bekannten

BARMBEK-SÜD (DER OSTEN)

7 SCHULE VON ESSEN-STRASSE, 1911

Hamburger Juden auch internationale Persönlichkeiten wie Pablo Neruda und Salvador Allende. Nachdem er einige Jahre in Chile verbracht hatte, trat er seine Stelle am Hansa-Kolleg an.

1997 bezog das Hansa-Kolleg nach einer grundlegenden Renovierung die heutigen Räumlichkeiten in der Von-Essen-Straße.

Der Weg führt uns nun mit Blick zur Schule links ein Stück die Von-Essen-Straße zurück, bis rechter Hand die Zeisigstraße abzweigt. Vorbei am Gelände der Adolph-Schönfelder-Schule folgen wir ihr bis zur nächsten Kreuzung und biegen hier links in die Friedrichsberger Straße ab. Auf dem Weg können wir auf der gegenüberliegenden Seite das Gelände der ehemaligen „Irrenanstalt Friedrichsberg" sehen (vgl. Tour 6). In den letzten Jahren ist in diesem Teil des Areals ein neues Wohngebiet entstanden.

Wir überqueren die Straße Dehnhaide und biegen im Anschluss nach wenigen Metern rechts in den Kraepelinweg ein.

GEDENKSTEIN FRANZOSENZEIT UND HEINRICH-GROSZ-HOF

Gleich linker Hand gelangen wir im Kraepelinweg über wenige Treppenstufen auf einen erhöhten, von Bäumen umgebenen Platz. Hier befindet sich ein Gedenkstein, der an ein wichtiges Ereignis der Hamburger Stadtgeschichte erinnert: die Franzosenzeit. Um die Kontinentalsperre durch-

BARMBEK-SÜD (DER OSTEN)

zusetzen, okkupierten napoleonischen Truppen 1806 die Stadt. Ab 1810 war die Hansestadt gar Teil des französischen Kaiserreichs. Eine moderne Verfassung wurde eingeführt, und vorübergehend galt die Religionsfreiheit. Dennoch hatten die Hamburger unter der teils brutalen Besatzung erheblich zu leiden. Die Versorgungslage wurde zunehmend schlechter, und insbesondere die ärmeren Bevölkerungsschichten waren der Zwangsrekrutierung durch die napoleonischen Truppen nahezu hilflos ausgeliefert.

Unterbrochen durch eine zweimonatige Besetzung der Stadt durch russische Truppen im Jahr 1813, beschlossen die Franzosen unter Marschall Louis-Nicolas Davout, die Stadt zu einer Festung auszubauen. Um ein Glacis, ein schussfreies Feld, zu schaffen, wurden ganze Landstriche gerodet und die Häuser abgerissen. Dies betraf die Viertel Hamm und Harvestehude genauso wie den Hamburger Berg, das heutige St. Pauli. Die Not in der Stadt erreichte ihren Höhepunkt zu Weihnachten 1813, als Tausende Menschen ein grausames Schicksal ereilte. All jene, die sich nicht für sechs Monate selbst mit Lebensmitteln versorgen konnten, wurden aus der Stadt getrieben. Viele fanden dabei in den kalten Dezembertagen den Tod. Zuflucht boten unter anderen die benachbarte Stadt Altona sowie das unter Hamburger Verwaltung stehende Barmbek. Zwar war es den Hamburger Oberalten, die seit der Reformation das Sagen in diesem Gebiet hatten, nicht gelungen, Barmbek zu einer neutralen Zone zu machen. Wohl aber entging das Dorf dem Abbruch durch die französischen Truppen und wurde nicht niedergebrannt. Die Flucht nach Barmbek konnte indes nicht alle Schutzsuchenden vor dem Kälte-, Hunger- oder Krankheitstod bewahren. Da Begräbnisplätze innerhalb der Stadtmauern nicht mehr zugänglich waren, wurden fünfzig Hamburger hier in Barmbek bestattet. Zudem fanden an dieser Stelle hier auch die Barmbeker, die während der Franzosenzeit starben, ihre letzte Ruhestätte. Bereits 1817 wurde im Gedenken an die Toten der Besatzungszeit der Stein errichtet, wie auf seiner Rückseite zu lesen ist.

Wir folgen nun dem Kraepelinweg, bis dieser in den Pinelsweg mündet. Auf dem Weg passieren wir einige Wohnblocks der Vorkriegszeit. Am

BARMBEK-SÜD (DER OSTEN)

8 PLASTIK AM HEINRICH-GROSZ-HOF

Pinelsweg angekommen, halten wir uns links und gelangen so zu einem großen Bau, dem Heinrich-Grosz-Hof. Der 1928 nach einem Entwurf von Friedrich R. Ostermeyer (1884–1963) errichtete Mietwohn-Komplex erstreckt sich über die Straßen Kraepelinweg, Pinelsweg und Reyesweg. Über hundert Wohnungen umfasst das Ensemble. Der Bau trägt die typischen Merkmale der Architektur der 1920er Jahre: Rotklinker, Flachdach und figürlicher Schmuck bestimmen die Gestaltung. Insbesondere der Eingang in Richtung Pinelsweg ist einen Blick wert. Hier findet sich die nahezu lebensgroße Plastik eines Schiffzimmerers (Abb. 8), ein Verweis auf den Bauherrn, die Allgemeine Deutsche Schiffszimmerer-Genossenschaft, die sich auch durch einen blauen Schriftzug am oberen Teil der Fassade verewigt hat. An der Wand hinter der Plastik sind verschiedene Szenen des Schiffsbaus dargestellt. Durch einen torartigen Eingang mit Spitzbogen gelangt man in einen fast sakral anmutenden Vorhof, wo eine weitere Plastik zu sehen ist. Es handelt sich dabei um eine Büste, die den Namensgeber des Hofes und einstigen Vorsitzenden der Schiffszimmerer-Genossenschaft Heinrich Grosz zeigt.

Wir folgen nun dem Pinelsweg, bis er in den Alten Teichweg mündet. Rechter Hand beginnt an dieser Stelle der Stadtteil Dulsberg, wir aber halten uns links und begeben uns auf die gegenüberliegende Straßenseite.

BARMBEK-SÜD (DER OSTEN)

 **ALTER TEICHWEG**

Sogleich wird sichtbar, dass der Alte Teichweg auch heute noch stark von Gewerbeflächen und -höfen geprägt ist. Dort, wo heute moderne Gebäude von unterschiedlichen Mietern genutzt werden, befanden sich einst Fabriken, die hier in Barmbek ihren Hauptsitz hatten. Ein Beispiel dafür ist die ehemalige Zahnradfabrik Max Rentsch. Das Haus mit der Nummer 33 zeugt noch von seiner einstigen Nutzung. An der Fassade stellt ein Zahnrad das Produkt der Fabrik dar, die 1931 in Hammerbrook gegründet wurde und wenige Jahre später an diese Stelle umzog. Wie die Jahreszahl an der Hauswand erkennen lässt, stammt das Gebäude aus dem Jahr 1939. Die Jahreszahl ist Teil eines Reliefs, auf dem eine Person zu sehen ist. Ganz im Zeichen seiner Zeit zeigt das Bild einen Arbeiter nach der Vorstellung des Nationalsozialismus, der mit Hammer und Zahnrad in stolzer Pose vor einer Fabrik steht (Abb. 9). Im Hintergrund ist ein Flugzeug in der Luft zu erkennen, möglicherweise ein Verweis auf den Kriegsbeginn 1939. Während des Zweiten Weltkriegs wurde das Gebäude stark beschädigt, Reste des Originalbaus sind allerdings erhalten. Die Fabrik besteht heute nicht mehr an dieser Stelle.

Wir folgen dem Alten Teichweg weiter nach Westen und gelangen bei der Hausnummer 25 sogleich zu einem hohen Gebäude aus rotem Backstein, das über dem Eingang den Schriftzug „Triton-Hof" trägt.

Das Relikt erinnert an die Firma Triton-Belco. Bereits 1851 gründete der Drechsler Ferdinand Müller in Hamburg den Betrieb, der seine Geschäfte vor allem im Bereich der Metallverarbeitung machte. Ende des 19. Jahrhunderts beschäftigte Müller schon an die hundert Mitarbeiter in der Produktion. Seit 1910 befand

9 FASSADENSCHMUCK AM ALTEN TEICHWEG

sich die Firma hier am Alten Teichweg, 1930 erfolgte dann die Fusion mit der Firma Bamberger, Leroi & Co., kurz Belco, zur Triton-Belco. Der Name Triton stammt aus der griechischen Mythologie. Triton wird häufig als Mischwesen aus Mensch und Fisch sowie als Sohn des Poseidon dargestellt. Der Argonauten-Sage nach zog Triton in der Wüste gestrandete Schiffe wieder zurück ins Meer.

Schiffe waren es letztlich auch, die der Firma ein lukratives Betätigungsfeld schufen. Triton-Belco versorgte Ozeanriesen wie die Cap Arcona mit sanitärer Ausstattung. Während des Zweiten Weltkriegs wurden über sechzig Prozent der firmeneigenen Gebäude am Alten Teichweg zerstört. In den 2000er Jahren schließlich verließ die Firma den Alten Teichweg und verlegte ihren Firmensitz auf verschiedene deutsche Standorte. Das Gebäude wird heute von unterschiedlichen Firmen genutzt. Werktags gelangt man durch die Toreinfahrt rechts des Eingangs auch in den Hinterhof, wo ein nahezu identischer Gebäudeteil erhalten ist.

Wir setzen unseren Weg nun fort, dabei lassen sich zwischen den modernen Bürokomplexen immer wieder kurze Blicke auf den Osterbekkanal erhaschen.

6 DANIEL-BARTELS-HOF

Schon fast an der Bramfelder Straße angekommen, treffen wir auf einen großen Wohnblock. Es handelt sich dabei um den Daniel-Bartels-Hof, wie der Schriftzug an der Fassade unschwer erkennen lässt. Das Ensemble wurde 1926/27 nach Entwürfen des Architekturbüros Puls & Richter erbaut. Obgleich es sich um einen Mietwohn-Komplex der 1920er Jahre handelt, wie sie im Stadtteil vielfach existieren, hat dieser hier wenig mit den Bauten seiner Umgebung gemein. Nicht Rotklinker bestimmt sein Äußeres, sondern weiß verputzte Fassaden (Abb. 10). Im Stil orientierten sich die Architekten am Wiener Gemeindebau der 1920er Jahre. Dieser bestand in der Regel aus großen Mietwohnungsblocks für die einkommensschwächeren Schichten. Erklärtes Ziel war ein gesundes und schönes Wohnum-

BARMBEK-SÜD (DER OSTEN)

10 DANIEL-BARTELS-HOF, 1986

feld. Typisch für den Gemeindebau waren repräsentative Eingänge und begrünte Innenhöfe. Diese beiden Merkmale treten auch hier am Daniel-Bartels-Hof besonders in Erscheinung. Ein weitläufiger hoher Torbogen führt in den Innenhof, der zu beiden Seiten von Terrakotten des Bildhauers Ludwig Kunstmann (1877–1961) flankiert ist. Zwei spärlich bekleidete Jungfrauen begrüßen den Besucher. Erst beim Betreten des Innenhofs wird die Größe des Wohnblocks deutlich. Halbrunde Loggien und vertikale Fensterreihen wechseln einander über die vier Fassadenseiten des fünfgeschossigen Baus ab.

Im Innenhof befindet sich eine zentrale Grünfläche, deren Mittelpunkt der ebenfalls von Kunstmann erschaffene „Grillenscheucher-Brunnen" bildet. Auch wenn leider kein Wasser aus der rot geklinkerten Säule fließt, ist der Brunnen doch einen näheren Blick wert. Das Motiv des „Grillenscheuchers" verweist auf den Namensgeber des Hofes. Daniel

BARMBEK-SÜD (DER OSTEN)

Bartels (1818–1889) war nicht nur Archivar und Mitarbeiter einer Hamburger Kanzlei, sondern auch Schriftsteller. Er veröffentlichte Gedichte und Erzählungen, häufig auf Plattdeutsch. „Zum Vortrage in geselliger Gesellschaft" verfasste Bartels in den 1860er Jahren seine Gedichtsammlung „Der Grillenscheucher". Wenngleich die Grille dort wohl eher wunderliche Gedanken bezeichnet, ist der Brunnen zu allen vier Seiten mit Violine spielenden Grillen verziert. Obgleich der Daniel-Bartels-Hof bei Luftangriffen während des Zweiten Weltkriegs stark zerstört wurde, zeigt er auch heute noch sein weitgehend originales Gesicht und bildet damit eine architektonische Besonderheit im Viertel.

Wir gehen nun den Alten Teichweg bis zu seinem Ende, wo er auf die Bramfelder Straße trifft.

 HAUS FLACHSLAND UND BARMBEKER MARKT

Direkt gegenüber befinden sich im Haus Bramfelder Straße 9 gleich zwei künstlerische Einrichtungen: das Hamburger Puppentheater und das

11 HAUS FLACHSLAND

BARMBEK-SÜD (DER OSTEN)

12 BARMBEKER MARKT, 1904

Hamburger Konservatorium. 1964 wurde das denkmalgeschützte Gebäude als „Haus der Jugend" erbaut und zeigt mit seinem zur Straße hin von Säulen getragenen Hauptbau die Architektur seiner Entstehungszeit (Abb. 11). 2011 diente das „Haus Flachsland" als fiktive Moschee, als hier ein Teil der Dreharbeiten des Hamburger Tatorts „Der Weg ins Paradies" mit Mehmet Kurtuluş als Ermittler Cenk Batu stattfand.

Das Gebäude zu unserer Rechten, folgen wir der Bramfelder Straße nach Süden, wo sie auf Höhe der Hufnerstraße in den Barmbeker Markt mündet. Laut ist es hier in dieser Gegend, doch einst war der Barmbeker Markt eine weitaus ruhigere Straße. Sie war zu beiden Seiten mit Bäumen gesäumt und hatte den Charme einer Allee (Abb. 12). Wo heute der Autoverkehr kein Ende zu nehmen scheint, fuhr früher die Straßenbahn und verkehrt seit dem Anfang des 20. Jahrhunderts die Hamburger Hochbahn. Das Wort Hochbahn darf man an dieser Stelle ganz wörtlich nehmen, zie-

BARMBEK-SÜD (DER OSTEN)

hen sich die Schienen doch über der Straße auf einem Viadukt entlang. Wo aber das Hochbahn-Viadukt an anderen Stellen der oberirdischen Verkehrsführung wie beispielsweise in Eppendorf von gründerzeitlichen Bauten begleitet wird, findet sich hier nur ein wilder Architekturmix der Nachkriegszeit. Diese Gegend wurde während der Luftangriffe auf Hamburg 1943 besonders stark zerstört – auch dieser etwas trostlose Eindruck gehört zum Stadtteil Barmbek.

Bis in das Jahr 1948 trug der Barmbeker Markt den schlichteren Namen „Am Markt". Heute kann man sich kaum mehr vorstellen, dass hier bis Ende des 19. Jahrhunderts sogar alljährlich Jahrmärkte abgehalten wurden. Nach dem Krieg legte man an dieser Stelle mehr Wert auf eine autogerechte Stadt als auf den originalgetreuen Wiederaufbau. Auf Höhe der Station Dehnhaide bilden gleich fünf Straßen gemeinsam mit der Hochbahn einen nicht zu überhörenden Verkehrsknotenpunkt.

Wir machen uns nun auf in eine etwas ruhigere Gegend und überqueren rechter Hand die Reesestraße in Richtung Weidestraße. Der Weidestraße folgen wir in westlicher Richtung, bis wir auf der gegenüberliegenden Straßenseite zu einer Kirche gelangen.

8 DOMINIKANERKLOSTER UND ST. SOPHIEN

13 DOMINIKANERKLOSTER

Wir befinden uns nun an der St.-Sophien-Kirche, widmen uns aber zunächst dem wesentlich schlichteren modernen Bau, der sich an den Chor der Kirche anschließt. Das moderne ringförmige Backsteingebäude wurde in den 1960er Jahren nach einem Entwurf der Architekten Walter Bunsmann, Jörn Rau und Paul-Gerhard Scharf erbaut. Es handelt sich dabei um das Dominikaner-Kloster St. Johannis (Abb. 13). Auch wenn man im urbanen Stadtteil Barmbek nicht unbedingt ein Kloster erwarten würde, bildet der Konvent an dieser Stelle tatsächlich eine „Klausur in der Großstadt". Der Name des Klosters geht auf seinen mittelalterlichen Vorgänger zurück. Bereits im 13. Jahrhundert waren die Dominikaner in Ham-

14 ST. SOPHIEN

burg vertreten. Das damalige St.-Johannis-Kloster befand sich auf dem heutigen Rathausmarkt. Mit der Reformation wurde dem katholischen Klosterleben ein Ende gesetzt. Die Mönche wurden vertrieben, in den Räumlichkeiten des Klosters kam nun eine Gelehrtenschule, das Johanneum, unter. 1841 wurde das Gebäude, wie bereits die dazugehörige Kirche vier Jahre zuvor, abgerissen. In der Hamburger Innenstadt erinnert heute nichts mehr an den Bau. Hier in Barmbek-Süd jedoch konnten die Dominikaner 1966 nach über 400 Jahren wieder ein „St.-Johannis-Kloster" einweihen.

Blicken wir auf den Turm der römisch-katholischen Kirche St. Sophien, so erkennen wir sofort eine architektonische Leerstelle: Der Turm ist verkürzt und hat keinen Turmhelm mehr (Abb. 14). Er wurde 1943 bei den Luftangriffen auf Hamburg zerstört und nach dem Zweiten Weltkrieg nicht wieder aufgebaut. Auf diese Weise hat der Kirchturm eine Mahnmal-Funktion, er führt uns das Ausmaß der Kriegszerstörungen vor Augen. Der übrige Bau ist hingegen fast original erhalten. Die Kirche wurde 1899/1900 nach Entwürfen des Architekten Heinrich Beumer erbaut. Der Wunsch nach einer katholischen Kirche in Barmbek war gegen Ende des 19. Jahrhunderts laut geworden, nachdem immer mehr Katholiken in den Stadtteil gezogen waren. Sie gehörten der Gemeinde St. Marien in St. Georg an, was für alle, die den sonntäglichen Gottesdienst besuchen wollten, lange Wege bedeutete. Allerdings mangelte es an den finanziellen Mitteln zum Bau einer eigenen Kirche. Auch die Gründung eines Vereins, der sich tatkräftig um Spenden bemühte, erzielte nur geringe Erfolge. Die Kehrtwende brachte die sagenhafte Spende von 250 000 Mark durch den Hamburger Großkaufmann Wilhelm Anton von Riedemann, der es als Teilhaber der Deutsch-Amerikanischen Petroleum Gesellschaft (heute Esso Deutschland GmbH) zu einem ansehnlichen Vermögen gebracht hatte. Erst seine Spende machte den Bau von St. Sophien möglich, allerdings waren mit ihr einige Bedingungen verknüpft. So sollte die Kirche der heiligen Sophie geweiht sein. Bei der Namensgebung spielte gewiss auch der Vorname von Riedemanns Frau Sophie keine ganz unbedeutende Rolle. Des Weiteren legte der Spender den gotischen Baustil der Kirche fest, sodass sie in neugotischer Backsteinoptik ausgeführt wurde. Von Riedemann ließ es sich auch nicht nehmen, alle Pläne vor ihrer Ausführung höchstpersönlich in Augenschein zu nehmen und abzusegnen. Für seine Familie, so bestimmte der Kaufmann, solle in der Kirche vier Mal im Jahr eine Messe gefeiert werden. Eine eigens ausgesuchte Bank sicherte der Familie ihren festen Platz während der Gottesdienste. So war der Kirchbau nicht nur in finanzieller, sondern auch in architektonischer und familiärer Hinsicht eng mit der Person Riedemanns verknüpft.

Die Kirchenchronik verrät, dass bei der Einweihung von St. Sophien am 14. Oktober 1900 erstmals seit der Reformation wieder ein volles Geläut von einer katholischen Kirche in Hamburg zu hören war. Die bestehenden katholischen Kirchen hatten wohl zu jenem Zeitpunkt zwar Glocken, aber kein volles Geläut. Dieser Umstand erfüllte die junge Gemeinde mit Stolz und wurde in Barmbek gebührend gefeiert.

Wir überqueren nun die Weidestraße in Richtung der Straße Biedermannplatz, wo sich der Eingang zu einem kleinen Park befindet, dem ehemaligen Schleidenpark.

15 NATURTEICHE IM SCHLEIDENPARK MIT ST. SOPHIEN, UM 1910

9 SCHLEIDENPARK

Wir befinden uns nun in einer eher unscheinbaren Grünanlage, die die Straße Biedermannplatz in eine westliche und eine östliche Seite teilt. Die laute Umgebung nimmt auch dieser Anlage ihren einstigen Erholungswert. Heute hat sie keinen offiziellen Namen mehr. Im Gedächtnis der Barmbeker hat sich jedoch der Name Schleidenpark gehalten. Ein Planschbecken bildet den optischen Mittelpunkt des 1903/04 angelegten Parks. Es deutet heute kaum mehr etwas darauf hin, dass der Schleidenpark einst in mehrfacher Hinsicht eine städtische Besonderheit darstellte. Abgesehen von den Wiesen an der Alster war die Anlage das erste öffentliche Naherholungsgebiet im östlichen Teil der Stadt und zudem der erste Park in einem Arbeiterstadtteil. Wie später der Stadtpark und der Dulsberg-

BARMBEK-SÜD (DER OSTEN)

16 „STRANDLEBEN" IM SCHLEIDENPARK, 1906

Grünzug sollte auch der Schleidenpark insbesondere der Arbeiterschaft luftige und lichte Aufenthaltsflächen bieten. Zwar wurde die Grünanlage künstlich angelegt, Ziel war es jedoch, ihn möglichst naturnah zu gestalten. Sogenannte „Brezelwege" sollten den Verlauf natürlicher Wege imitieren, außerdem wurden zwei durch eine kleine Holzbrücke verbundene Naturteiche geschaffen, die absichtlich eine ungleichmäßige Form erhielten (Abb. 15). Wenigstens einer dieser beiden Teiche ist im nördlichen Teil der Anlage erhalten. Einen Rückbezug auf die Natur oder vielmehr die Pflanzenwelt schuf auch der Name des Parks, der nach dem Hamburger Botaniker Matthias Jacob Schleiden (1804–1881) benannt wurde.

Schnell etablierte sich der Park im Stadtteil und wurde von der Barmbeker Bevölkerung bald als „Kleiner Stadtpark" bezeichnet. Während sich der „echte" Stadtpark bis heute in weiten Teilen original erhalten zeigt, hat sich der Schleidenpark im Laufe der Jahre allerdings stark verändert.

Bereits in den 1920er Jahren wurde einer der Teiche durch das Planschbecken ersetzt. Eine größere Umgestaltung erfolgte dann unter Gartenbaudirektor Otto Linne (vgl. Tour 3, S. 87) in den 1930er Jahren. Linne setzte durch, dass innerhalb des Parks noch mehr Freiflächen und „Kinder-Tummelplätze" geschaffen wurden. Bis zum Zweiten Weltkrieg erfreute sich die Anlage großer Beliebtheit und intensiver Nutzung. Es wurden sogar Ansichtskarten gedruckt, die das „Strandleben im Schleidenpark" illustrierten (Abb. 16). Diese Bezeichnung bezog sich auf eine Sandfläche nahe dem Wasser, wo Kinder buddeln und spielen konnten. In der Nachkriegszeit ereilte den Schleidenpark das gleiche Schicksal wie fast alle Hamburger Parks: Die Brennstoffknappheit machte eine Rodung großer Teile des Baumbestands nötig. 1947 schließlich wurde die den Park umgebende Straße in Biedermannplatz umbenannt, in Erinnerung an den sozialdemokratischen Politiker und Reichstagsabgeordneten Adolf Biedermann (1881–1933).

Spielplatz und Planschbecken werden in den Sommermonaten auch heute von den Anwohnern gern genutzt. Ansonsten bietet der Schleidenpark leider wenig augenfällige Merkmale. Blickt man in westliche Richtung, wird der markante Turm der Bugenhagenkirche sichtbar. Wir verlassen die Anlage über ihren nördlichen Ausgang. Im Anschluss gehen wir linker Hand ein Stück den Biedermannplatz entlang, wo sich auf der gegenüberliegenden Straßenseite die Bugenhagenkirche befindet.

10 BUGENHAGENKIRCHE

Verglichen mit den übrigen Kirchen im Stadtteil zeigt sich die Architektur der Bugenhagenkirche recht außergewöhnlich. Sie wurde zwischen 1927 und 1929 im Stil des Neuen Bauens errichtet. Dem Bau war ein eingeschränkter Wettbewerb vorausgegangen, an dem sich namhafte Architekten wie Fritz Höger und Gerhard Langmaack beteiligten. Letztlich wurde aber die Umsetzung eines Entwurfs von Emil Heynen (1877–1946) einstimmig beschlossen. Der Name des Entwurfs ist bis heute Programm: „Ein

BARMBEK-SÜD (DER OSTEN)

17+18 AUSSENANSICHT DER BUGENHAGENKIRCHE, 1929, UND ALTARRAUM, UM 1935

feste Burg" wollte Heynen an dieser Stelle errichten, und tatsächlich lässt der dunkle Klinkerbau den Betrachter an eine Burg denken. Über einem kubischen Baukörper erstreckt sich ein ebenso kubischer, rund vierzig Meter hoher Turm, der sich nach oben hin verjüngt. Die strenge Erscheinung des Turms wird durch eine goldene Uhr und eine vertikale Reihe gleichmäßig angeordneter Fenster unterbrochen (Abb. 17). Im Ganzen hat das Gebäude ein sehr monumentales Erscheinungsbild. Zugleich handelt es sich aber auch um einen funktional sehr durchdachten Bau. Heynen sorgte für Platz, indem er den Raum für den Gottesdienst über die der Gemeindearbeit vorbehaltenen Räume legte (Abb. 18). Zu beiden Seiten leiten Freitreppen die Besucher von der Straße zu den fünf Eingangstüren im Obergeschoss. Auffällig ist der Skulpturenschmuck unmittelbar über den Eingangstüren. Die von Friedrich Wield (1880–1940), Alphons Ely (1886–1973) und Richard Kuöhl (1880–1961) geschaffenen überlebensgroßen Keramik-Statuen erinnern an die Reformation. Von links nach rechts sind hier einige ihrer maßgeblichen Wegbereiter zu sehen: Reformator Stephan Kempe (Wield), Bürgermeister Johannes Wetken (Ely), Martin Luthers Mitstreiter Johannes Bugenhagen (Kuöhl), der Oberalte Joachim Wegedorn (Ely) und Pastor Johann Ziegenhagen (Wield). 1929 konnte die Statuengruppe der Öffentlichkeit präsentiert werden.

Die evangelisch-lutherische Bugenhagenkirche bildete nicht zuletzt symbolisch ein Gegengewicht zur nahegelegenen katholischen St.-Sophien-Kirche. Vermutlich war es nicht ganz unbeabsichtigt, dass der Turm der Bugenhagenkirche jenen von St. Sophien überragte. Gemeinsam umgeben die beiden Kirchen bis heute den ehemaligen Schleidenpark. Im Unterschied zu St. Sophien allerdings werden in der Bugenhagenkirche heute keine Gottesdienste mehr gefeiert. Das Gotteshaus wurde in den 1990er Jahren durch den Architekten Bernhard Hirche (*1946) aufwendig saniert und umgebaut. In den Gemeinderäumen fanden unter anderem ein Theatersaal und ein Café Platz. Allerdings war die Gemeinde zu klein geworden, sodass die Kirche 2004 geschlossen werden musste. Seit 2010 befand sich hier die „Kultur Bühne Bugenhagen", aus der zwei Jahre später das Theater „Die BURG" hervorging. Bis heute finden hier Theateraufführungen statt. Daneben dienen die Räumlichkeiten als Probebühne für verschiedene Hamburger Theater. Die Umnutzung der Kirche vom Gotteshaus zur kulturellen Einrichtung ist hier jedenfalls beispielhaft gelungen.

Wer sich von hier aus mit der U-Bahn auf den Heimweg begeben möchte, hat nun zwei Möglichkeiten. Zur U-Bahn-Station Saarlandstraße gelangen wir, indem wir der nahegelegenen Schleidenstraße folgen, die in die Saarlandstraße übergeht und dann direkt auf die Station zuführt. Alternativ geht der Weg über die Weidenstraße zurück zum Ausgangspunkt an der U-Bahn-Station Dehnhaide.

ADRESSEN TOUR 5

CAFÉS / RESTAURANTS

Aqui Espana
Weidestraße 49
www.aqui-espana-hamburg.de
➜ *spanisches Restaurant mit guten Tapas*

Bascherie
Wohldorfer Straße 30
www.barmbek-basch.info
➜ *Restaurant und Café im Stadtteilzentrum*

Dehnhaide Grill
Dehnhaide 12
www.dehnhaide-grill.de
➜ *klassischer Imbiss*

Elb Barista
Alter Teichweg 7 A
➜ *kleines Café mit sehr gutem Kaffee*

Falafel Factory
Barmbeker Markt 41
www.falafel-factory.de
➜ *Filiale der Hamburger Falafel-Kette*

Louis Kitchen Bar
Dehnhaide 24
www.louiskitchenbar.de
➜ *Burger und Co.*

Vi Food
Alter Teichweg 9 C
22081 Hamburg
➜ *Asia-Imbiss – große Portionen zu günstigen Preisen*

LÄDEN

Antiquariat J. Hünteler
Weidestraße 24
www.antiquariat-huenteler.de
➜ *Antiquariat mit den Schwerpunkten Automobil, Eisenbahn, Luft- und Schifffahrt*

Büro & Schreibwaren
Dehnhaide 23
➜ *kleines Fachgeschäft für Papierwaren*

Heidjer Schinkenkate
Dehnhaide 6
➜ *Fleischwaren und Feinkost aus der Heide*

Räderei Hamburg
Weidestraße 18
www.raederei-hamburg.de
➜ *Fahrradverkauf und -reparatur*

Taucher Technik
Weidestraße 10
www.taucher-technik.de
➜ *alles rund um den Tauchsport*

Wochenmarkt Vogelweide
➜ *Freitag: 13 bis 18 Uhr*

FREIZEIT / SPORT

USC Paloma
Brucknerstraße 24
www.uscpaloma.de
→ *Breitensport seit über hundert Jahren*

KULTUR

BARMBEK°BASCH
Wohldorfer Straße 30
www.barmbek-basch.info
→ *Zentrum für Kirche, Kultur, Soziales*

Bücherhalle Dehnhaide
Wohldorfer Straße 30
www.buecherhallen.de
→ *Bücher für alle seit über fünfzig Jahren*

Die Burg
Theater am Biedermannplatz
Biedermannplatz 19
(Bugenhagenkirche)
www.die-burg-barmbek.de
→ *Theater mit Eigen- und Fremdproduktionen, das insbesondere den künstlerischen Nachwuchs fördert*

Hamburger Konservatorium
Akademie und Musikschule
Bramfelder Straße 9
im Haus Flachsland
www.hamburger-konservatorium.de
→ *älteste heute noch existierende Musikausbildungsstätte Norddeutschlands*

Hamburger Puppentheater
Bramfelder Straße 9
im Haus Flachsland
www.hamburgerpuppentheater.de
→ *Puppentheater mit vielfältigem Seminar- und Workshop-Angebot*

Theater an der Marschnerstraße
Marschnerstraße 46
www.theater-marschnerstrasse.de
→ *eines der größten Hamburger Amateurtheater*

EILBEK 6

S-Bahnhof Friedrichsberg * Dichter- und Denkerviertel * Hochbunker * Versöhnungskirche * Eilbekkanal * Hausboote * Auenviertel * Wandsbeker Chaussee * Conventstraße/Hasselbrookstraße * Schule/Friedenskirche * Jacobipark * Bahnhof Hasselbrook

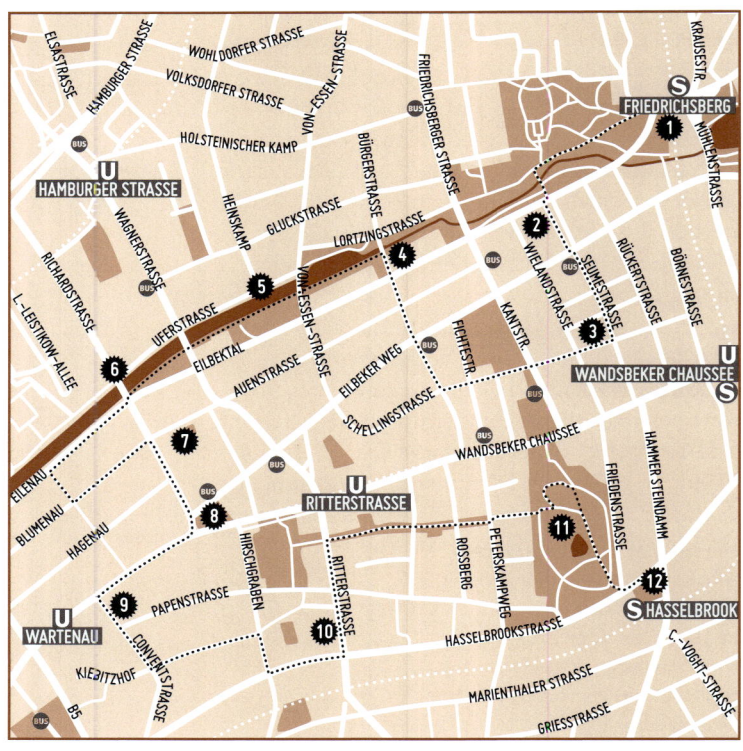

EILBEK

STARTPUNKT: S-Bahnhof Friedrichsberg (S 1 / S 11)
ENDPUNKT: Bahnhof Hasselbrook (S 1 / S 11 / RB 81)
DAUER: 2,5 bis 3 Stunden

Auf einer Liste der beliebtesten Hamburger Stadtteile stünde Eilbek – bis 1946 noch „Eilbeck" geschrieben – vermutlich auf einem der unteren Ränge, auf einer Liste der am meisten unterschätzten jedoch recht weit oben. Beides hängt auch damit zusammen, dass Eilbek – nimmt man die Eilbeker selbst sowie Barmbeker, Wandsbeker und andere Nachbarn einmal aus – oft nur im Vorüberfahren wahrgenommen wird, als eine Etappe auf dem Weg von der Innenstadt nach Wandsbek (oder umgekehrt) bzw. von Hamm nach Uhlenhorst (oder umgekehrt). Damit bleibt der Stadtteil ein weithin unbekanntes Gebiet – und keines, das rein äußerlich zu längerem Aufenthalt zu verlocken scheint. Doch der Eindruck trügt, wie ein Spaziergang und ein zweiter Blick zeigen können.

Das heute 1,7 Quadratkilometer große, dicht besiedelte Gebiet, das seit 1949 zum Bezirk Wandsbek gehört, hat sich aus einer winzigen, 1247 erstmals urkundlich als „Ylenbeke" (vgl. Station 8) erwähnten Ansiedlung nahe der alten Handelsroute nach Lübeck entwickelt. Rund 600 Jahre gehörte das Dorf dann dem Hospital zum Heiligen Geist (vgl. Station 7), das hier über große Ländereien verfügte. Seit 1375 reichte westlich des Dorfes die „Landwehr", Hamburgs vorgelagerter Festungswall, bis ins südliche Hamm; er war von zwei Grenzstationen – dem „Lübschen Baum" und dem „Hammer Baum" – markiert. Große Veränderungen brachten die durch den Hamburger Brand (1842), die Aufhebung der Torsperre (1860/61) und die Cholera-Epidemie (1892) ausgelösten Bevölkerungszuwächse, als viele Hamburger in Eilbek und Umgebung siedelten. Seit den schweren Bombardements vom Sommer 1943 („Operation Gomorrha", vgl. Station 3 und Exkurs, S. 91) scheint das Erscheinungsbild Eilbeks vor allem durch Verluste gekennzeichnet. Historische Fotos zeigen Zerstörungen gigantischen Ausmaßes: Mit dem Eilbek der letzten Jahrhundertmitte ist ein

von gründerzeitlicher Architektur dominierter Hamburger Vorort untergegangen, der einen Vergleich mit Eppendorf und Winterhude nicht zu scheuen brauchte. Einige Solitäre, darunter auch Kirchenbauten (vgl. Stationen 4 und 10), zeugen indes noch von der Vergangenheit.

Heute ist der Stadtteil in weiten Teilen – vom Hasselbrook (vgl. Station 9) bis zum „Dichter- und Denkerviertel" (vgl. Station 2) – von Rotklinkerbauten der Nachkriegszeit geprägt, in der Wohnraum schnell und kostengünstig neu entstehen musste. Das „Auenviertel" in der Nähe des Eilbekkanals (vgl. Station 7) zeigt dagegen noch heute etwas vom ehemals (groß-)bürgerlichen Leben Eilbeks, das nicht nur dort auch mit schönen Grünflächen punkten kann (vgl. Stationen 1 und 11). Eine Herausforderung der Zukunft wird die Gewerbe- und Wohnraumsituation im Viertel sein: Während Leerstände die Straßen unattraktiv machen, entsprechen die oft recht kleinen Wohnungen der Nachkriegsbauten zwar dem Bedarf von Paaren und Singles, nicht aber dem von Familien. Die neuen, teils experimentellen Wohnformen in Bunkern oder auf Booten (vgl. Stationen 3 und 6), die in den letzten Jahren entstanden sind, werden den Mangel an ausreichend großen und bezahlbaren Wohnungen für Familien in Eilbek nicht beheben. Diese Herausforderung bleibt vorerst bestehen.

1 S-BAHNHOF FRIEDRICHSBERG

Der Bahnhof Friedrichsberg – einst ein repräsentativer Hallenbau (1907, Abb. 1), in den 1950er Jahren nach Zerstörung bescheidener neu errichtet – markiert die nordöstliche Ecke Eilbeks, das hier an Dulsberg, Barmbek-Süd und Wandsbek grenzt. In früheren Jahrhunderten existierte an dieser Stelle eine Furt über das Flüsschen Wandse, das hier, vom Mühlenteich (Abb. 2) kommend, zur Eilbek bzw. zum Eilbekkanal wird. Unter den Eisenbahnbrücken hindurch, vorbei an den beiden Zugängen zum alten Röhrenbunker (vgl. Exkurs, S. 68) gelangen wir zunächst auf eine grüne Seite Eilbeks, von der überrascht wird, wer das Viertel nur vom Durchfah-

EILBEK

1 BAHNHOF FRIEDRICHSBERG, UM 1907

ren auf der lauten Wandsbeker Chaussee kennt. Wir gehen zunächst ein Stück das Eilbektal entlang, an das sich nördlich der Friedrichsberger Park mit einem kleinen Wald anschließt. Hier führen Wege zur privat betriebenen „Schön Klinik Eilbek" (700 Betten), die 2006 das „Allgemeine Krankenhaus" (später: „Klinikum") Eilbek ablöste (das trotz seines Namens zu Barmbek-Süd gehört). Schon 1919 – im Gründungsjahr der Hamburger Universität – wurde die damalige „Staatskrankenanstalt" ein akademisches Lehrkrankenhaus. Aus diesem Jahr stammte auch die frühere Hauptzufahrt für Krankenfahrzeuge. Das Haus war einer von mehreren Anstaltsbauten Fritz Schumachers (1869–1947) und stand am Ende der geschwungenen Straße über die Eilbek, in die wir gleich links einbiegen. Es wurde 2014 zugunsten von Eigentumswohnungen abgerissen. Eine Durchfahrt in der Mitte des Neubaus und einige dort verbaute Ornamente des Schumacherbaus erinnern an die Vergangenheit.

2+3 WANDSBEKER MÜHLENTEICH UND IRRENANSTALT FRIEDRICHSBERG, 1879

Doch deren Spuren reichen noch weiter zurück: Schon 1864 wurde hier nahe der bis 1937 bestehenden Grenze zum preußischen Wandsbek die „Irren-, Heil- und Pflegeanstalt Friedrichsberg" eröffnet (Abb. 3). Die Einrichtung war zunächst für bis zu 260 psychisch kranke Patienten angelegt und hatte neben Wohn- und Behandlungshäusern auch einen Konzertsaal, Ställe mit Nutztieren und eine eigene Gärtnerei (Abb. 4). Ein Novum war aber nicht nur, dass die Anstalt sich autark versorgen konnte, sondern vor allem, dass hier erstmals versucht wurde, „Geisteskrankheiten" ohne Zwang zu therapieren – Behandlung und Forschung traten an die Stelle von Strafe und Verwahrung. Maßgeblich für dieses Programm war der aus Ostwestfalen stammende Psychiater Ludwig Meyer (Abb. 6): Der erste Direktor der Eilbeker Anstalt führte das 1839 von dem britischen Arzt John Conolly (1794–1866) entwickelte Prinzip

4 SITUATIONSPLAN IRRENANSTALT FRIEDRICHSBERG, 1901

des „No restraint" (dt. etwa: „keine Einschränkung") in das deutsche Psychiatriewesen ein.

Im Jahr 1936 firmierte die Anstalt unter dem Namen „Psychiatrische und Nervenklinik der Universität". Wenige Jahre darauf sind auch einige Hundert Friedrichsberger Patienten dem nationalsozialistischen „Euthanasie"-Programm („Aktion T4") zur Vernichtung der als „lebensunwert" eingestuften Kranken zum Opfer gefallen.

5 GEDENKTAFEL FÜR ELFRIEDE LOHSE-WÄCHTLER IM ROSENGARTEN

Stellvertretend erinnern heute auf dem Gelände eine Straße und ein Rosengarten mit Gedenktafel an die deutsche Malerin Elfriede Lohse-Wächtler (1899–1940), die 1929 zeitweilig in Friedrichsberg lebte. Sie wurde später entmündigt, zwangssterilisiert und 1940 in der Anstalt Pirna-Sonnenstein ermordet (Abb. 5). Eine weitere bekannte Insassin Friedrichsbergs war das Hamburger „Original" Henriette Johanne Marie Müller (1841–1916), besser bekannt unter ihrem Spitznamen „Zitronenjette".

6 LUDWIG MEYER (1827–1900)

Wir setzen unseren Weg in südlicher Richtung fort, gehen über die Einbahnstraße Eilbektal – Vorsicht: Verkehr von links – und betreten mit der Seumestraße das „Dichter- und Denkerviertel".

2 DICHTER- UND DENKERVIERTEL

Die (nicht offizielle) Bezeichnung meint ein von Wandsbeker Chaussee, Eilbeker Weg und Bahnlinie gebildetes Dreieck, in dem Straßen nach deutschen Literaten (Börne, Kleist, Rückert, Schlegel, Seume, Tieck, Wieland) und Philosophen (Fichte, Kant, Leibniz, Schelling) benannt

EILBEK

7 SEUMESTRASSE, BLICK VOM EILBEKTAL, UM 1910

sind. (Der Name Schlegel steht dabei sowohl für die Brüder Friedrich und August Wilhelm als auch für die zeitweilige Ehefrau des Letzteren, Caroline Schlegel-Schelling.) Ein besonderes Verhältnis der Genannten zu Hamburg oder gar zu Eilbek ist damit nicht verbunden: Immerhin hat Johann Gottfried Seume (1763–1810) auf seiner Reise im Sommer 1805 in Hamburg Station gemacht, und der romantische Dichter Ludwig Tieck (1773–1853) war 1794 in der Stadt. Die Art der Benennung zeigt vielmehr – ähnlich wie beim „Auenviertel" (vgl. Station 7) – ein planmäßig angelegtes Viertel an, dessen Straßennamen in einem thematischen Zusammenhang stehen – ein Verfahren, das aktuell wieder in der Hafencity angewendet wird. Entstanden ist das „Dichter- und Denkerviertel" ab 1867 zunächst in Form von vier Nord-Süd-Achsen (Börne-, Rückert-, Wieland- und Kantstraße), die durch die Schellingstraße verbunden wurden. Ausgehend von der Wandsbeker Chaussee, an der größere – heute „gründerzeitlich" genannte – Mietshäuser errichtet wurden, entstanden hier teils repräsentative Stadtvillen bzw. entsprechend großzügige Mietwohnungen (Abb. 7).

Größere Umstrukturierungen hatte es in Eilbek freilich schon früher gegeben. So war 1840 die Wandsbeker Chaussee ausgebaut worden, und ab 1864 wurde der „Hasselbrook" (vgl. Station 9) baulich mit teils imposanten Stadthäusern erschlossen. Die Eisenbahnlinie, die Eilbek bis heute teilweise umschließt, wurde im Jahr darauf eröffnet, ein moderner Nahverkehr mit Pferdebahnen

8 NACHKRIEGSBEBAUUNG AM EILBEKTAL, 1960ER JAHRE

(statt Kutschen) entstand 1866, erste Schulen wurden gebaut etc. Die Einwohnerzahlen Eilbeks stiegen vor allem in der zweiten Hälfte des 19. Jahrhunderts exponentiell: Zählte man um 1855 noch rund 500 Einwohner, waren es zehn Jahre später bereits 5000, im Jahr 1885 dann 10 000 und am Ende des Jahrhunderts (1895) rund 25 000. Für die rasante Entwicklung war neben allgemeinen Faktoren wie der Industrialisierung oder der wachsenden Bedeutung Hamburgs im Überseehandel auch die Erhebung Eilbeks zum Vorort 1874 von Belang. Die Großstadt breitete sich aus, und dem musste mit der zügigen Schaffung von Wohnraum und Versorgungseinrichtungen Rechnung getragen werden.

Vom Eilbek dieser Zeit ist nicht nur im „Dichter- und Denkerviertel" nur noch wenig zu sehen: Die massiven Bombenangriffe des Sommers 1943 haben kaum einen Stein auf dem anderen gelassen (vgl. Exkurs, S. 91), sodass viele Straßen heute von der schlichten Architektur der frühen Nachkriegsjahre geprägt sind – die verbliebenen Altbauen machen die Verluste nur umso deutlicher (Abb. 8). Bauliche Kriegszeugen sind vor allem einige ehemalige Hochbunker, die heute zunehmend zu Wohnraum

9 TRÜMMER AN DER ECKE SCHULENBEKSWEG / GRIESSTRASSE, ENDE 1943

werden. Die nahe Schellingstraße, in die wir im oberen Drittel der Seumestraße rechts abbiegen – an der Einbahnstraße Eilbeker Weg Verkehr von rechts –, bietet zwei Beispiele: den großen Bunker an der Ecke zur Wielandstraße 13–15, der als „The BIG One" komplett in Eigentumswohnungen verwandelt wurde, und den im Krieg teilzerstörten Bunker Schellingstraße 43, der heute zwei Nutzungen vereint.

 HOCHBUNKER

Mit dem sogenannten Führerbauprogramm wurde ab Herbst 1940 der Bau von Luftschutzbunkern im Deutschen Reich forciert. Der Grund war die berechtigte Annahme, dass nach der aus deutscher Sicht wenig erfolgreichen Luftschlacht um England mit britischen Gegenangriffen zu rechnen sein würde. So entstanden gerade auch in Hamburg – einer von der englischen Küste aus schnell zu erreichenden Hafenstadt – zahlreiche öffentliche Luftschutzräume. Diese mussten auf kurzem Weg erreichbar sein und waren angesichts der fehlenden Unterkellerung vieler Wohnhäuser oft von beträchtlicher Größe: Der Hochbunker an der Ecke Wielandstraße – gebaut gegenüber der ehemaligen Volksschule für Mädchen auf der anderen Straßenseite – bot über 2000 Menschen Platz und war damit einer der größten Hamburgs. Dennoch reichte die Kapazität der gut tausend bis Kriegsende in Hamburg gebauten kleineren oder größeren öffentlichen Bunker nicht aus: Einer Bevölkerung von 1,7 Millionen standen 166 000 Plätze zur Verfügung; hinzu kamen 378 000 Plätze in oft behelfsmäßigen „Selbstschutzräumen". Alle Zufluchtsorte waren bei Angriffen meist überfüllt.

Zwischen dem 24. und dem 31. Juli 1943 wurde Eilbek – zusammen mit der Hamburger Innenstadt und weiteren östlichen Vierteln – von besonders schweren Bombenangriffen getroffen (Abb. 9), die als „Operation Gomorrha" in die Geschichte eingegangen sind (vgl. Exkurs, S. 91). Der dabei entstandene „Feuersturm" wurde durch spezielle Angriffstechniken der Alliierten hervorgerufen und durch eine sommerliche Hitzephase noch gefördert. Allein 30 000 Menschen sollen in der Nacht vom 27. auf den 28. Juli in Eilbek und anderen Vierteln im Hamburger Osten umgekommen sein. Sofern sie nicht selbst stark beschädigt wurden, zählten die Hochbunker ab 1943 oft zu den letzten baulichen Solitären in den Eilbeker Straßen. Viele Bunker stehen noch heute. Für den 2014 begonnenen Umbau der Wielandstraße 13–15 wurde das Gebäude jedoch bis auf einige Mauerreste abgerissen; nur Form und Größe erinnern noch an den Vorgängerbau.

Während des Kriegs musste für Bunkerneubauten in Großstädten und dicht besiedelten Gebieten häufig zunächst durch die Beschlagnahmung

10 UMBAU DES BUNKERS BÖRNESTRASSE, 2016

von Grundstücken oder den Abriss von Wohnhäusern Platz geschaffen werden. Letzteres geschah 1941 auch in der Schellingstraße 43, doch wurde der Bunker dann nie fertiggestellt: In der Nacht des 27./28. Juli 1943 wurde die Baustelle durch Brandbomben und Trümmer so stark beschädigt, dass an einen Weiterbau nicht zu denken war. Für die Ruine stellte sich – wie bei vielen anderen Bunkern auch – in den Jahren nach dem Krieg die Frage einer möglichen Weiternutzung, der durch das massive Mauerwerk, die fensterlosen Räume etc. meist enge Grenzen gesetzt sind. In der Schellingstraße gibt es heute zwei Lösungen: Während sich unten Lagerräume befinden, sind auf dem alten Gemäuer 2010 sieben Wohneinheiten (Maisonette und Penthouse) errichtet worden. Der Bunkerumbau ist ein Trend mit Zukunft: So sollen bis Ende 2017 insgesamt 14 neue Wohnungen und ein Penthouse im alten Hochbunker an der Börnestraße (im östlichen „Dichter- und Denkerviertel") entstehen, der ebenfalls nur noch als äußere Hülle dienen wird (Abb. 10).

Einer weiteren ungewöhnlichen Wohnform begegnen wir an der übernächsten Station: dem Leben auf dem Hausboot mitten in der Stadt. Zuvor biegen wir jedoch rechts zur Maxstraße ab und gehen zurück an die hier schon kanalisierte Eilbek. Bei der Versöhnungskirche direkt an der Maxstraßenbrücke überqueren wir die Straße.

4 VERSÖHNUNGSKIRCHE

Die evangelisch-lutherische Kirche mit dem markanten Eckturm – der rechts von der Beruflichen Medienschule Hamburg-Eilbektal flankiert wird – bildet heute eine der beiden Eilbeker Gemeinden. Der 1921 eingeweihte Kirchenbau (Abb. 11) war schon vor dem Ersten Weltkrieg von dem Hamburger Architekten Fernando Lorenzen (1859–1917) entworfen worden, konnte jedoch erst ab 1919 – also nach Lorenzens Tod – von dessen Kollegen Hermann Geißler realisiert werden. In seinen letzten Lebensjahren hatte der zunächst im Sinne der Neogotik durch seine Lehrer Conrad Wilhelm Hase (1818–1902) und Johannes Otzen (1839–1911) geprägte

Lorenzen sich einfacheren Formen zugewandt, wie sie an der Versöhnungskirche sichtbar werden (zu Hase und Otzen vgl. Station 9). Der Turm konnte erst 1925 – in dem Jahr, als die Gemeinde selbständig wurde – fertiggestellt werden. Er geht, ebenso wie die erste Innenausstattung der Kirche, auf Entwürfe Theodor Speckbötels (1861–1936) zurück, dessen Name ansonsten vor allem mit Krankenhaus- und Industriearchitektur verbunden ist.

11 VERSÖHNUNGSKIRCHE, 1921

Über dem Eingangsbereich der Kirche sind drei große Reliefs zu sehen (v.l.n.r.: Mutter mit Kind, Jesus Christus mit segnender Hand, zwei Soldaten unter einem Kreuz). Die beiden äußeren zitieren am unteren Rand den Spruch „So lasset euch versöhnen mit Gott" aus dem 2. Korintherbrief, woraus sich der Name der Kirche ableitet. Während die Innenausstattung von verschiedenen Künstlern gestaltet wurde, stammen die Glasfenster fast ausschließlich von der renommierten Hamburger Glaserei Kuball. Zu weiteren wichtigen Werken Fernando Lorenzens gehören die im Zweiten Weltkrieg zerstörte Christuskirche in Wandsbek und die ehemalige Gnadenkirche in St. Pauli (heute Russisch-Orthodoxe Kirche des Hl. Johannes von Kronstadt); außerdem war Lorenzen am Aufbau der Villensiedlung Hochkamp in den Elbvororten beteiligt. Die Versöhnungskirche überstand die Bombenangriffe des Zweiten Weltkriegs nahezu unzerstört und feierte im Juni 2016 das hundertjährige Jubiläum der Grundsteinlegung.

Von der Kirche aus geht es nun ein etwas längeres Stück am Kanal entlang, wofür sich der Fußweg zur Linken diesseits der Brücke anbietet. Er führt über die Von-Essen-Straße zur Wagnerstraßenbrücke, von wo aus wir schon die ersten Hausboote sehen. Wir gehen jedoch weiter bis zur Richardstraßenbrücke, die einen schönen Blick über den weiteren Kanalverlauf bietet.

 **EILBEKKANAL**

Die Kanalisierung des früheren Grenzflusses zwischen Barmbek-Süd und Eilbek begann 1854 und wurde 1900 am Wendebecken in Höhe der Lortzingstraße abgeschlossen – also gegenüber der Stelle, wo unser Weg am Kanal beginnt. Anfangs wurden für die Arbeiten auch Insassen des 1853 eröffneten Barmbeker Werk- und Armenhauses eingesetzt. Schon 1879 war es möglich, mit einem Alsterdampfer vom Jungfernstieg bis zum Anleger „Richardstraße" zu fahren, der vor einigen Jahren teilweise rekonstruiert wurde (Infotafel). Ab 1890, nach der Verlängerung des kanalisierten Abschnitts nach Osten, wurde die Strecke bis zur Von-Essen-Straßenbrücke verlängert und bis 1939 befahren. Hier ist der Anleger nicht erhalten (Abb. 12).

Der Name „Eilbek" leitet sich vom plattdeutschen „Ylenbeke" ab und bedeutet somit „(Blut-)Egelbach". Tatsächlich wurden die für medizinische Zwecke eingesetzten Tiere hier noch bis Mitte des 19. Jahrhunderts gefangen und in größeren Mengen verkauft. Die Egel hatten in der Heilkunde schon seit Jahrhunderten dem – mit dem Aderlass vergleichbaren – medizinisch indizierten Blutentzug gedient: Dabei durchdringt der auf die Haut aufgesetzte Egel diese mit seinen Beißwerkzeugen, saugt sich voll und fällt dann von selbst ab. Durch die Zusammensetzung seines Speichels, der u.a. blutgerinnungshemmend wirkt, wurden und werden Egel auch zur Behandlung von Thrombosen und Arthritis verwendet. Eine Hochzeit des Blutegelfangs war die erste Hälfte des 19. Jahrhunderts. In Deutschland und anderen europäischen Ländern steht der medizinische Blutegel seit Jahren unter Naturschutz. – Der Kanal spielt heute weder für gewerbliche noch für nahverkehrliche Nutzung mehr eine Rolle, sondern

EILBEK

12 ALSTERDAMPFER AM ANLEGER RICHARDSTRASSE, 1916

ist vor allem Freizeitbeschäftigungen wie Angeln oder Paddeln vorbehalten. Seine Uferwege sind eine stark frequentierte Joggingstrecke, die auch von Radlern und Wanderern gern genutzt wird. Vorbei an einem Spielplatz kommen wir zwischen dem Kanal und der parallelen Eilenau zu der 1900 in Stein errichteten Richardstraßenbrücke. Von ihr aus sehen wir die nur rund 1500 Meter entfernte Außenalster, in die der Kanal nach Durchfließen des Kuhmühlenteichs mündet.

 **HAUSBOOTE**

Am Nordufer reihen sich fünf Hausboote (Abb. 13). Aktuell gibt es auf dem Kanal neun genutzte Liegeplätze, ein zehnter soll erneut bebaut werden. Bei den Hausbooten handelt es sich um sogenannte „Lieger". Sie sind ein Ergebnis des städtischen Pilotprojekts „Wohnen auf dem Wasser", für

13 HAUSBOOTE AUF DEM EILBEKKANAL, 2016

das 2007 nach einem bundesweiten Wettbewerb aus anonymen Bewerbungen zehn besonders kreative Entwürfe gewählt wurden. Im Jahr darauf begannen die Bauarbeiten am Eilbekkanal, der sich wegen günstiger Standortbedingungen (vorhandene Ver- und Entsorgungsleitungen, Nähe von Straßen und Nahverkehrseinrichtungen etc.) angeboten hatte. Nach Fertigstellung 2010 fanden sich viele Bewerber für diese in Hamburg noch seltene Form des Wohnens, die in Städten wie Kopenhagen oder Amsterdam schon weiter entwickelt ist. Allerdings sind bis heute – bedingt u.a. durch die komplexe Verwaltung bei Wasserflächen, schwierige Kreditvergaben und teils hohe Erschließungskosten – weniger derartige Projekte realisiert worden als geplant. Die Erfahrungen am Eilbekkanal immerhin sind weitgehend positiv: Die zentrale Lage und eigene Gestaltungsmöglichkeiten für die meist über einhundert Quadratmeter großen Wohnflächen (plus Terrassen) machen diese Wohnform neben der Nähe zum Wasser für die Anwärter attraktiv. Die Bezeichnung „Hausboot" ist indes eigentlich nicht korrekt, da es sich bei den Liegern – mit Ausnahme des früheren Wohnschiffs „Peißnitz", unterhalb der Brücke – weder um Häuser noch um Boote handelt. Vielmehr werden alle Aufbauten auf schwimmenden, aber fest verankerten Fundamenten errichtet. Dass ein Lieger gleichwohl nicht als Immobilie, sondern als Mobilie gilt, spielt vor allem für Finanzierungsfragen eine Rolle: Da der Hausbesitzer nicht über ein Grundstück im üblichen Sinne verfügt, das etwa für Kredite als Sicherheit dient, können sich Verhandlungen mit Banken schwierig gestalten. Für die in städtischem Besitz befindliche Wasserfläche (das „Grundstück") wiederum wird eine jährliche Pacht von knapp 2000 Euro erhoben.

Wir verlassen die Brücke in südlicher Richtung, halten uns an der Eilenau rechts und gehen auf der Häuserseite entlang bis zum Auenstieg. Über diesen kommen wir zur Blumenau.

 **AUENVIERTEL**

Die Blumenau ist eine Achse des Auenviertels, dessen Name auf den ehemals sumpfigen Untergrund der Gegend verweist, die früher von mehreren Auen durchflossen war. Das Viertel, das nordwestlich weiter bis zum U-Bahn-Viadukt und zur Mundsburg reichte, war ehemals ein großbürgerliches Wohnviertel (Abb. 14). Die planmäßige Erschließung ab 1874 sah auf Eilbeker Gebiet mehrere von der Wartenau ausgehende Parallelstraßen vor. Vor allem in der Blumenau, Eilenau, Hagenau und der kleinen Sonnenau haben einige bauliche Solitäre den Zweiten Weltkrieg überstanden, die noch recht gut den früheren Charakter des Viertels wiedergeben. Auch heute ist das Auenviertel wieder eine beliebte Wohngegend Eilbeks.

Wenn wir die Blumenau nach Osten, also nach links entlanggehen, kommen wir auf die das Auenviertel durchschneidende Richardstraße. Diese reicht von der Wandsbeker Chaussee bis zur Oberaltenallee bzw. zur Hamburger Straße in Barmbek-Süd. Von der früheren Bebauung der Richardstraße ist fast nichts mehr vorhanden, und es ist kaum vorstellbar, welche imposanten Komplexe die Straße in diesem Teil einmal dominiert haben: das Hospital zum Heiligen Geist in der Nr. 85 – seit 1957 befindet sich hier die Grundschule Richardstraße

14 BLUMENAU, 1912

EILBEK

15 BLICK AUS DER HAGENAU AUF DAS HEILIGEN-GEIST-STIFT, 1909

– und das 1901 in unmittelbarer Nähe erbaute Maria-Magdalenen-Kloster (Nr. 77).

Beim Hospital zum Heiligen Geist handelte es sich ursprünglich um eine im 13. Jahrhundert gegründete Ordensgemeinschaft für die Armen- und Krankenpflege. Ihr gehörten zeitweise größere Ländereien, so das Heiligergeistfeld – damals eine Getreideanbaufläche, heute Schauplatz des Hamburger „Doms" – und einige Hufen Land bei den Dörfern Hohenfelde, Barmbek und Eilbek. Im Jahr 1882 erfolgte der Umzug des Hospitals vom Rödingsmarkt (am früheren Standort der Oberfinanzdirektion bei der „Heiligengeistbrücke") in die Eilbeker Richardstraße. Das neue Haus war von den renommierten Architekten Hugo Stammann (1831–1909) und Gustav Zinnow (1846–1934) entworfen worden, die auch beim Bau des Hamburger Rathauses ab 1886 beteiligt waren. Die achtzig Meter breite Portalfront des Hospitals, mit Uhr, Dachreiter und großen Rundbogenfenstern, war durch eine Auffahrt von der Straße getrennt und im Zwischenraum von einem künstlich angelegten Goldfischteich geziert (Abb. 15). 1943 wurde das Haus zerstört.

16 BLICK VON DER BRÜCKE ÜBER DEN EILBEK-KANAL ZUM MARIA-MAGDALENEN-KLOSTER, 1910

Das nur wenige Meter nördlich am Kanal erbaute Maria-Magdalenen-Kloster – heute stehen dort Wohnhäuser – war an seinem ersten Standort bei der Börse (abgebrochen 1837) schon im 13. Jahrhundert dem Hospital räumlich benachbart gewesen. Der jetzige „Adolphsplatz" in der Innenstadt erinnert an den Stifter des Klosters, den Schauenburger Grafen Adolph IV. Er soll während der Schlacht bei Bornhöved gegen die Dänen am 22. Juli 1227, dem Namenstag der Heiligen Maria Magdalena, diese um Beistand gebeten und geschworen haben, im Falle eines Sieges ein Kloster zu stiften und selber Mönch zu werden. Den Schwur löste er nach gewonnener Schlacht ein: Das Kloster wurde gegründet, und Adolph wurde einige Jahre später Franziskaner. Auch das Maria-Magdalenen-Kloster wurde von Franziskanern geführt, bis im Zuge der Reformation die Klosterverwaltung an die Kirchenältesten (die sogenannten Oberalten) überging. Nach einem ersten Umzug zum Glockengießerwall bezog das nun von dem Hamburger Architekten Hugo Groothoff (1851–1918) entworfene Kloster schließlich 1901 seinen neuen Standort in Eilbek, wo es 1943 ebenfalls zerstört wurde (Abb. 16).

Schon vor dem Umzug nach Eilbek war aus dem früheren Kloster ein Wohnstift für alleinstehende Frauen geworden, und auch Hugo Groothoff plante 48 Wohnungen in dem Neubau. Im Inneren des Gebäudes hing an zentraler Stelle ein Gemälde Meister Franckes, das den Klosterstifter Adolph IV. zeigte, und auch mit einem großen, 1821 von Christian Friedrich Lange entworfenen Denkmal wurde des Grafen gedacht. Nach der Zerstörung entstanden in den 1950er Jahren in Poppenbüttel neue Pflegeeinrichtungen, in denen bis heute die Stiftung Hospital zum Heiligen Geist rund tausend Plätze in der Altenpflege, für Demenzkranke und im Bereich des Betreuten Wohnens anbietet. Sie ist damit die älteste Stiftung Hamburgs. – Wir gehen am Schulgelände entlang bis zum Ende der Richardstraße, wo diese zuerst auf den Eilbeker Weg und kurz danach auf die Wandsbeker Chaussee stößt, die wir später hier bei der Ampel überqueren können. Das von den drei Straßen gebildete Dreieck stellt so etwas wie den Ausgangspunkt der erst gemächlichen, später umso rasanteren Entwicklung Eilbeks von einer winzigen Ansiedlung zum Großstadtviertel dar.

8 WANDSBEKER CHAUSSEE

Der Ursprung des Dorfes namens „Ylenbeke" liegt im Ungefähren, mit Sicherheit aber deutlich vor dessen erster Erwähnung in einem Vertrag, mit dem das Hospital zum Heiligen Geist 1247 Ländereien im Osten Hamburgs samt Fischereirechten im nahen Fluss erwarb. Wahrscheinlich existierten hier noch lange nur einige wenige Höfe südlich der Ylenbeke. Der zu den Ansiedlungen führende Feldweg traf ungefähr in Höhe unseres Standorts auf die Handelsroute zwischen Lübeck und Hamburg, die hier folgerichtig den Namen „Lübsche Chaussee" trug. Erst am Ende des 17. Jahrhunderts entstanden auch an diesem zentralen Punkt kleinere Ansiedlungen, Gewerbebetriebe und nicht zuletzt ein Gasthof für Fuhrleute und Reisende. Er trug den Namen „Sandkrug" – der auch auf die Beschaffenheit des Weges verwiesen haben mag – und existierte (mit Unterbrechungen) noch bis 1876; eine gleichnamige Straße hinter der kleinen Grünanlage

EILBEK

erinnert an die traditionsreiche Einrichtung. Im Jahr 1710 entstand zudem eine Windmühle auf dem Roßberg.

Die „Lübsche Chaussee" wurde 1830 ausgebaut, einige Jahre nach dem Ende der französischen Besetzung Hamburgs, unter der auch Eilbek und die umliegenden Dörfer gelitten hatten. So wurden 1813 zur

17 SANDKRUG, UM 1900

Erlangung eines freien Schussfeldes ganze Wälder gefällt und Gebäude abgerissen bzw. beschädigt, unter anderem der „Sandkrug" und die Roßberg-Mühle. Durch den Abzug der Franzosen 1814 erlebte Eilbek, das zuletzt kaum hundert Einwohner hatte, ein neues Bevölkerungswachstum: Die sozialen, wirtschaftlichen und baulichen Veränderungen Hamburgs ab der Mitte des 19. Jahrhunderts zogen immer mehr Menschen in die umliegenden Orte vor der Stadt. In den folgenden Jahrzehnten veräußerte das Hospital zum Heiligen Geist angesichts dieser Entwicklung weite Teile seines restlichen Landbesitzes.

An der Wandsbeker Chaussee und besonders in der Gegend um die ehemalige Windmühle am Roßberg ließen sich im 19. Jahrhundert immer mehr Händler und Gewerbetreibende nieder, und bald entstanden mehrgeschossige Wohnhäuser (Abb. 17). Auch in der Fläche wuchs Eilbek, als dem Ort 1856 das bis dahin zu Hamm gehörende Gebiet zwischen Chaussee und Papenstraße zugeschlagen wurde. Im Jahr 1866 wurde die Grenze zu Hamm durch die Lübecker Bahn (gebaut 1863–1865) zwischen der Landwehr und Wandsbek festgelegt.

Die heute mehrspurige und stark befahrene Wandsbeker Chaussee dagegen durchschneidet Eilbek auf ganzer Länge in Ost-West-Richtung und ist noch immer die wichtigste Geschäftsstraße des Stadtteils. Nach wie vor finden sich hier viele kleine oder größere Geschäfte, Firmen und Restaurants, in den letzten Jahren allerdings auch vermehrt Leerstände. Anders als etwa Barmbek oder Wandsbek besitzt Eilbek somit kein Zentrum im engeren Sinne. Dies mag neben der oft als gleichförmig empfundenen Nachkriegsarchitektur dazu beitragen, dass der Stadtteil im Bewusstsein vieler ein eher randständiges Dasein fristet – trotz zentraler Lage, einiger bürgerlicher Viertel und bester Infrastruktur. Zu dieser trägt auch die hier 1961/62 eröffnete U-Bahn-Linie 1 bei, die die Stationen Wartenau, Ritterstraße und Wandsbeker Chaussee bedient. Zusammen mit den drei S-Bahnhöfen verfügt das kleine Eilbek somit gleich über sechs Schnellbahnstationen und den Regionalzughalt Hasselbrook. Wir setzen unseren Weg noch ein Stück auf der Wandsbeker Chaussee fort, um dann links in die Conventstaße abzubiegen.

9 CONVENTSTRASSE / HASSELBROOKSTRASSE

Auch die heutige Conventstraße ist von der Wiederaufbauzeit der 1950er und frühen 1960er Jahre geprägt. Von fernerer Vergangenheit zeugt der Straßenname: Er verweist auf das 1867 an der Ecke zur Wandsbeker Chaussee bezogene „Conventstift". Bei der auf einer Schenkung Adolfs IV. aus dem Jahre 1233 beruhenden Einrichtung handelte es sich um eine klosterähnliche Beginengemeinschaft, die sich vor allem der Krankenpflege und der Kindererziehung widmete. Der Stiftsneubau in Eilbek bedeutete einen Umzug der zuletzt nur noch sieben „Conventualinnen" vom ursprünglichen Standort bei der Hamburger St.-Jacobi-Kirche und war zugleich das erste Gebäude überhaupt auf dem „Hasselbrook". Es wurde 1943 zerstört; im jetzigen „Conventhaus" befindet sich ein grafischer Betrieb. Wir biegen links in die Kiebitzstraße ein, gehen auf dieser bis zum Hirschgraben und von dort nach rechts bis zur Hasselbrookstraße.

Der Hasselbrook war ursprünglich ein von Wasserläufen durchzogenes Wald- und Jagdgebiet. Zumindest lässt der ältere Flurname „Hersebroc"

EILBEK

18 HASSELBROOKSTRASSE, LINKS KIEBITZSTRASSE, 1916

auf sumpfiges Gelände schließen („broc"/ „brook" = niederdt.: „Bruchwald"), während „herse" auf das althochdeutsche „hirtze" (= „Hirsch") zurückgehen könnte. Wie auch immer: Die meist mehrgeschossigen Mietshäuser, die in der nach dem Bau der Eisenbahnlinie parallel angelegten Hasselbrookstraße entstanden, veränderten die Gegend vollständig – und sind heute wiederum selbst zum größten Teil verschwunden (Abb. 18).

Wenige Meter rechts bei der Kreuzung mit dem Hirschgraben finden sich jedoch sowohl vereinzelte Beispiele gründerzeitlicher Wohnbebauung als auch ehemalige Gewerbe- und Fabrikationsbetriebe, die sich in der zweiten Hälfte des 19. Jahrhunderts in manchen Höfen ansiedelten. So steht etwa hinter Nr. 25 noch ein schönes Fabrikgebäude von 1905, in dem im Lauf der Jahre verschiedene Firmen, darunter eine Druckereimaschinenfabrikation und eine Kaffee- und Tabakrösterei, ihren Sitz hatten. Zugleich ist das Haus ein frühes Beispiel für den heute üblichen Eisenbetonskelettbau. Seit 1997 hat in dem unter Denkmalschutz stehenden Haus das Fundus Theater seine Spielstätte. 1980 als Tourneetheater gegründet, hat es sich mit eigenen Produktionen und Gastspielen einen festen Platz im Bereich des innovativen Theaters für Kinder zwischen drei und zwölf Jahren erspielt. Einmal jährlich findet hier auch das Hamburger Kindertheatertreffen statt.

Neu genutzte Gewerbebauten gibt es auch im Hof der Nr. 52 auf der anderen Straßenseite, wo einst die Fleisch- und Wurstwarenfabrik J.A.W. Kayser ihr Domizil hatte. Noch erhalten sind die in gelbem Backstein gehaltenen Außenwände des Gebäudes (1904) mit roten Schmuckbändern, das alte Pflaster und einige Rundbogenfenster. Im Vorgängerbau des Nachbarhauses (Nr. 54) wohnte übrigens 1928 der Schriftsteller Hans Fallada (1893–1947; vgl. Leute aus Barmbek, Eilbek und Dulsberg).

Wir setzen den Weg fort bis zum markanten Schulgebäude auf der linken Seite.

10 SCHULE / FRIEDENSKIRCHE

Zwischen 1905 und 1907 von Albert Erbe (1868–1922) erbaut, hat die Schule als eines der wenigen Häuser der Straße – und als einziges Schulgebäude Eilbeks – die Bombenangriffe des Zweiten Weltkriegs überstanden (Abb. 19). Die Errichtung der Schule zu Beginn des 20. Jahrhunderts belegt den rasanten Bevölkerungsanstieg in Eilbek auch noch in dieser Zeit: Betrug die Zahl der Einwohner 1895 noch rund 25 000, hatte sich deren Zahl bis 1920 auf knapp 60 000 mehr als verdoppelt. Die erste Schule war 1869/70 die Volksschule für Jungen in der Kantstraße, gefolgt von der Mädchenschule am Roßberg (1886) und einer weiteren Jungenschule 1892, der noch im gleichen Jahr die Mädchenschule Wielandstraße folgte. Doch der Bedarf hielt an, und so entstand die dreißigklassige Volksschule zwischen Hasselbrook- und Ritterstraße, anfangs mit getrennten Eingängen für Mädchen und für Jungen. Nach dem Krieg waren die Klassen wegen hoher Heimkehrerzahlen bei gleichzeitigem Lehrermangel überfüllt. An

19 VOLKSSCHULE HASSELBROOKSTRASSE, 1943

der jetzigen drei- bis vierzügigen Grundschule mit zwei Vorschulklassen werden in 17 Klassen aktuell knapp 300 Kinder unterrichtet.

Direkt hinter der Schule stand die ehemalige Realschule Ritterstraße 44. Sie wurde in den Kriegsjahren von der NSDAP als Gauführungsschule genutzt und 1943 zerstört. Wiederaufgebaut wurde dagegen der markante Bau der evangelisch-lutherischen Friedenskirche gegenüber dem Eilbeker Bürgerpark. Ihre Geschichte beginnt mit der Gründung einer eigenen Eilbeker Gemeinde im Jahr 1882. Zuvor war Eilbek, wie auch Barmbek, Hohenfelde, Hammerbrook und andere Orte im Osten Hamburgs, von der St.-Jacobi-Kirche, ab dem 17. Jahrhundert dann von St. Georg und Hamm aus seelsorgerisch betreut worden. Mit dem Bau einer Kapelle an der Friedenstraße war der Schritt in die Selbständigkeit getan, dem am 15. März 1885 die Einweihung der von Johannes Otzen (1839–1911) und Johannes Vollmer (1845–1920) entworfenen Friedenskirche folgte (Abb. 20).

EILBEK

20 BLICK VOM SCHULHOF DER SCHULE RITTER-
STRASSE AUF DIE FRIEDENSKIRCHE, UM 1905

Beide Architekten waren Schüler Conrad Wilhelm Hases (1818–1902), des Gründers der neogotisch ausgerichteten Hannoverschen Architekturschule. Hase war 1861 auch am sogenannten „Eisenacher Regulativ" beteiligt gewesen, einer Vorschriftensammlung zum Bau von protestantischen Kirchen, der Otzen und Vollmer bei der Errichtung der Friedenskirche in vielen Punkten (Grundriss, Ostausrichtung, Kanzelplatzierung etc.) folgten.

Die Kirche wurde im Sommer 1943 schwer beschädigt, als Ruine provisorisch gesichert und 1954 eher schlecht als recht instand gesetzt. Weitere Renovierungen, bei denen u.a. die Seitenemporen entfernt und die Wände mit gelben Klinkern verblendet wurden, veränderten das Innere der Kirche stark, lassen aber die neogotischen Ursprünge noch erkennen. Im Zuge dieser zweiten Renovierung wurden die neuen Fenster des Berliner Glaskünstlers Harry MacLean (1908–1994) eingebaut. Auch äußerlich ist die Kirche schließlich in vereinfachter Form rekonstruiert worden.

Als 101 Mitglieder eines Eilbeker Gesangsvereins 1901 bei einem Schiffsunglück auf der Elbe umkamen – der Ausflugsdampfer „Primus" war nach der Kollision mit einem Schlepper gesunken –, fand in der Friedenskirche eine bewegende Trauerfeier statt. Die Ansprache hielt der damals amtierende Pastor Nicolai von Ruckteschell (1853–1910), nach dem in der Nähe eine Straße benannt ist. Im Januar 2005 fusionierten die beiden bis dahin selbständigen Gemeinden Friedenskirche und Osterkirche, sodass es – mit der Versöhnungskirche – jetzt nur noch zwei evangelische Gemeinden in Eilbek gibt

Unsere nächste Station, den Jacobipark, erreichen wir am besten über den kleinen Fußweg, der hundert Meter nördlich von der Ritterstraße rechts abzweigt.

DIE „PRIMUS"-KATASTROPHE

Es hatte der vergnügliche Abschluss eines Sommerausflugs werden sollen, als der kleine, schon recht betagte Raddampfer „Primus" in der Nacht des 20. zum 21. Juli 1902 von Cranz im Alten Land ablegte und Kurs auf Hamburg nahm. An Bord waren etliche Mitglieder der Eilbeker Liedertafel „Treue von 1887 zu Eilbeck", eines großen sozialdemokratischen Arbeitergesangvereins. Viele waren mit Frauen und Kindern gekommen – und mit insgesamt 206 Personen war die zulässige Gesamtpassagierzahl der „Primus" um mehr als dreißig überschritten. Während der Fahrt herrschte eine ausgelassene und fröhliche Stimmung an Bord, eine Kapelle spielte, man trank und feierte. Doch eine halbe Stunde nach Mitternacht kommt es vor Nienstedten zur Katastrophe: Der HADAG-Seeschlepper „Hansa" rammt die „Primus", die offenbar gerade Passagiere absetzen will, seitlich und mit zwölf Knoten Geschwindigkeit, ihr Rumpf platzt auf, Wasser dringt rasch ein, Panik entsteht unter den Passagieren – der 63 Jahre alte Raddampfer beginnt schnell zu sinken. Weil nur ein Rettungsboot zur Verfügung steht und offenbar viele Gäste nicht schwimmen können, nimmt die Katastrophe ihren Lauf. Am Ende werden 101 Todesopfer zu beklagen sein, von denen die meisten aus Eilbek stammen. Noch Jahre später lassen sich Leichenfunde an den Ufern der Elbe diesem Schiffsunglück zuordnen.

Zu den Überlebenden gehörte Johannes Peters, der Kapitän der „Primus". Er hatte sein Schiff wohl mit Rücksicht auf dessen Alter und die akute Überlast in das nördliche Fahrwasser gelenkt, um gegen die dort schwächere Strömung fahren zu können – eine verbotene, aber stillschweigend geduldete Praxis. An der Kollision mit der auf der vorschriftsmäßigen Seite fahrenden „Hansa" traf somit Peters die Hauptschuld, wie das Hamburger Seeamt in seiner Untersuchung des Ereignisses feststellte. Kapitän Sachs, der Führer des Schleppers, hatte dagegen noch versucht, die sinkende „Primus" an das rettende Nienstedtener Ufer zu drücken, musste die Aktion allerdings abbrechen, um nicht selbst auf Grund zu laufen. Immerhin gelang es, einige Fahrgäste auf die „Hansa" und ein weiteres zu Hilfe gekommenes Schiff zu hieven. Zum tragischen Helden an Bord der „Primus" wurde der 19-jährige Kellner Emil Eberhard (1884–1902), dem es gelang, fünf Passagiere vor dem Ertrinken zu retten, bevor er bei einem weiteren Rettungsversuch selbst ums Leben kam.

Die Tragödie löste nicht nur in Eilbek große Anteilnahme und eine Welle der Hilfsbereitschaft aus. Über politische und religiöse, aber auch über Klassenschranken hinweg erfuhren die Angehörigen der Opfer Unterstützung. Eine Stiftung wurde gegründet, Spenden gesammelt – an denen sich selbst Kaiser Wilhelm II. beteiligte –, und ein gemeinsamer Ausschuss aus SPD- und Kirchenvertretern sorgte noch jahrelang für die Hinterbliebenen. Nach einem Trauergottesdienst in der Eilbeker Friedenskirche wurden 78 der 101 Toten, von einem gewaltigen Trauermarsch begleitet, auf dem Ohlsdorfer Friedhof beigesetzt, wo bis heute ein Denkmal an das „Primus"-Unglück erinnert. Eine von der Patriotischen Gesellschaft 1988 gestiftete Gedenktafel befindet sich am Elbwanderweg unterhalb von Nienstedten.

JACOBIPARK

Der Weg, der den Bürger- mit dem Jacobipark verbindet, führt durch ein typisches Nachkriegswohngebiet und kreuzt dabei drei Querstraßen, zunächst den Ruckteschellweg. Dieser war bis 1948 nach Eduard Julius Jungmann (1815–1862) benannt, einem preußischen Offizier, der 1849 im

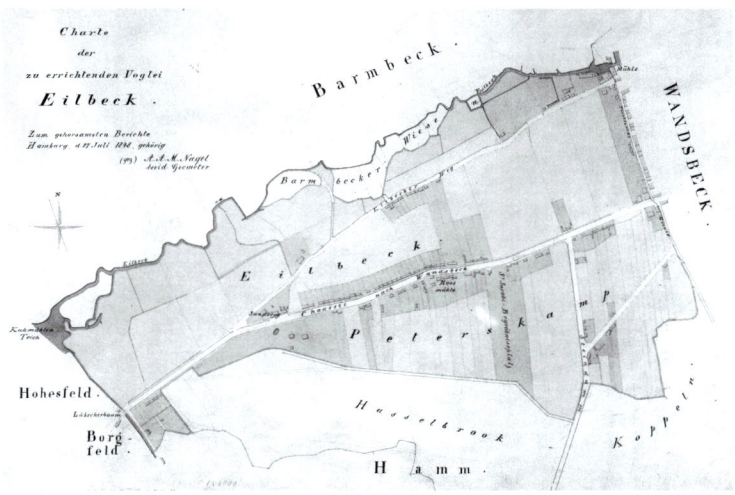

21 „CHARTE DER ZU ERRICHTENDEN VOGTEI EILBECK", 1848

Gefecht von Eckernförde während des Schleswig-Holsteinischen Krieges einen siegreichen Angriff gegen die dänische Flotte geleitet hatte. Der einige Meter weiter kreuzende Roßberg war einst eine kleine Erhebung, auf der, wie erwähnt, seit 1710 eine Windmühle betrieben wurde. Die Gegend südlich der Chaussee war als Ackerland bis 1856 – dem Jahr, als Eilbek eine eigenständige Vogtei wurde – Teil der Hammer Feldmark und wurde als Peterskamp bezeichnet (Abb. 21); der Peterskampweg entstand 1894. Gut fünfzig Jahre früher (1847) war das damals noch dem Hospital zum Heiligen Geist gehörende Gelände zum neuen Begräbnisplatz der Hamburger St.-Jacobi-Gemeinde gewählt worden; Jahrzehnte später sollte daraus der schönste Park Eilbeks werden

Den Jacobipark betreten wir jetzt über die Freitreppe neben einem weiteren umgebauten Hochbunker, am Ende der Tonistraße. Von dort bietet sich ein kleiner Rundgang an, der im Uhrzeigersinn zum Bahnhof Hasselbrook führt. Dabei sehen wir u.a. die letzten verbliebenen Grabsteine und Gruften des Friedhofs.

Mit der Wahl dieses Ortes für den Friedhof, der am 24. Juni 1848 eingeweiht wurde, hatte die Gemeinde St. Jacobi aus der Not eine Tugend gemacht: Weil sich alle vorherigen Begräbnisplätze in relativer Nähe zur Kirche – also in der heutigen Innenstadt – befunden hatten und aus Platzgründen immer wieder aufgelöst werden mussten, sollte nun eine größere Fläche her, die so weit vor der Stadt lag, dass Bebauung auf absehbare Zeit nicht zu befürchten war. Andererseits wuchs die Eilbeker Bevölkerung so stark an, dass auch hier ein Friedhof nötig wurde. Der fast vier Kilometer lange Weg zwischen Kirche und Friedhof war dabei ungewöhnlich, ebenso wie die parkartige Gestaltung der sechs Hektar großen Fläche, die schon 1862 für den zweiten Hammer Friedhof erweitert wurde. Einige bekannte Hamburger Persönlichkeiten sind im Lauf der Jahre in Eilbek bestattet worden, etwa die Schriftstellerin Elise Averdieck (1808–1907), der aufklärerische Pädagoge Johann Georg Büsch (1728–1800), der Hamburger Wasserbaudirektor Johannes Dalmann (1823–1875), der Hamburger Jurist und Bürgermeister Heinrich Kellinghusen (1796–1879), der Kaufmann Ludwig Julius Lippert (1835–1918), die Zeichnerin Ebba Tesdorpf (1851–1920). Seit 1934 hat es auf dem Eilbeker Jacobi-Friedhof keine Bestattungen mehr gegeben. Zur endgültigen Auflösung wurden 1954 viele Gräber auf den Ohlsdorfer Friedhof verlegt und dabei auch einige historische Grabmale wiedererrichtet. Die sterblichen Überreste des ebenfalls in Eilbek bestatteten Eduard Julius Jungmann wurden übrigens nach Eckernförde verbracht und sein Denkmal dort wieder aufgestellt.

Heute sind noch fünf Grabmale, zwei Gruften und ein Gedenkstein des alten St.-Jacobi-Friedhofs zu sehen. Gleich bei der Treppe etwa befinden sich noch der Gruftkeller der Familie Merck und ein Obelisk zu Ehren Emil Martinis (1843–1880), eines Oberarztes des Allgemeinen Krankenhauses St. Georg. In der Merckgruft waren ursprünglich neben anderen der Kaufmann Heinrich Johann Merck (1770–1853) und der mit Merck befreundete einstige Hamburger Bürgermeister Christian Daniel Benecke

(1768–1851) bestattet. Auf der anderen Parkseite steht u.a. der Gedenkstein für die Begründer der Stiftung Eilbeker Gemeindehaus. Er erinnert neben anderen an Carlota Sieveking (1831–1918), auf deren Initiative die erste Eilbeker Gemeinde entstand. Der vielleicht schönste Grabstein steht am zentralen Parkweg: Es handelt sich um den mit einem Relief versehenen Stein für die Schauspielerin Clara Horn (1852–1884, Abb. 22), die seit 1875 am Thalia-Theater arbeitete.

22 CLARA HORN (1852–1884)

An ihren Tod in jungen Jahren wird mit einer erloschenen Fackel erinnert.

Nahe der Wandsbeker Chaussee wurde 1864 die von dem Hamburger Architekten Alexis de Chateauneuf (1799–1853) schon früher entworfene Friedhofskapelle errichtet, die 1964 zur Gemeindekirche umgewidmet wurde und heute den Namen Osterkirche trägt. Aus ihrem schlichten Inneren ist vor allem ein spätgotisches Flügelretabel hervorzuheben.

Wir gehen von der Kirche zurück in Richtung Hasselbrook und lassen dabei noch ein wenig den Park auf uns wirken. In seiner Mitte ist ein künstlicher Teich angelegt; ein Spielplatz, ein Ruhegarten und schöne Rasenflächen unter alten Bäumen machen das Gelände zu einem beliebten Erholungsort. Weit entfernt scheint hier auf einmal die lärmumtoste Wandsbeker Chaussee. In der südwestlichsten Ecke des Parks hat sich übrigens der jüngste Hochbunkerumbau vollzogen: Im „Eastside Park Loft" an der Papenstraße sind 13 neue Eigentumswohnungen entstanden.

Über die Hasselbrookstraße gehen wir zur letzten Station.

 BAHNHOF HASSELBROOK

An der Straße fallen gleich zwei markante Gebäude auf: der klinkerverkleidete Rundbunker bei der Kreuzung und das Empfangsgebäude des alten Bahnhofs. Bei dem Bunker handelt es sich um einen sogenannten Zombeck-Turm (benannt nach seinem Erfinder, dem Ingenieur Paul Zombeck), wie er in Hamburg bis Kriegsende an zwölf Standorten in ähnlicher Form gebaut wurde. Anders als die häufigeren kastenförmigen Hochbunker gab es in den Rundbunkern keine Einzelräume, sondern eine spriralförmig um einen Zylinderkern gebaute Rampe, auf der in kurzen Abständen Sitzmöglichkeiten montiert waren; im Zylinder selbst befanden sich sanitäre Einrichtungen. Der Zugang erfolgte über das Erdgeschoss, während Notausgänge meist im ersten Stockwerk lagen, um eine Flucht auch bei Verschüttungen mit Trümmern zu ermöglichen. Dabei waren die bis zu 500 Plätze weniger für Anwohner umliegender Häuser gedacht. Die Bunker sollten vielmehr im Falle eines Angriffs in möglichst kurzer Zeit – daher auch Rampen statt Treppen – Passanten, Reisende aus Zügen, Wartende von Bahnstationen oder Arbeiter aus nahen Betrieben aufnehmen. Dies begründet auch die Standorte an Verkehrseinrichtungen (Straßenkreuzungen, Eisenbahntrassen, Bahnhöfen etc.) oder in industriellen Zonen – man denke etwa an die Rundbunker bei den Bahnhöfen Barmbek und Dammtor, an der Sternschanze oder nahe den Landungsbrücken (Vorsetzen). Auch wenn sich diese Bunker als Schutzraum durchaus bewährten, konnten sie aufgrund ihrer exponierten Lage – ähnlich wie Flakbunker – den Bomberverbänden auch als Zielmarke dienen. Der Turm an der Hasselbrookstraße wurde 1940/41 gebaut. Über seinem Seiteneingang ist das Hamburger Wappen zu erkennen, der Haupteingang zeigt noch das Bild eines stilisierten Reichsadlers, unterhalb dessen ein Hakenkreuz durch die Jahreszahl „1941" ersetzt wurde. Das Gebäude steht – anders als der benachbarte Bahnhof – nicht unter Denkmalschutz.

Die Station Hasselbrook entstand 1906 nach Plänen des Hamburger Architekten Eugen Goebel und wurde am 12. August 1907 als Teil der neuen Verbindung vom Berliner Tor zum Ohlsdorfer Friedhof eröffnet (Abb. 23). Noch heute fällt die aufwendige Gestaltung des ehemaligen Empfangsgebäudes (mit Dienstwohnungen im Erdgeschoss) ins Auge. Ganz im Sinne der damaligen Vorliebe für den Backsteinhistorismus der „Hannoverschen Schule" des schon erwähnten Conrad Wilhelm Hase, die sich in Hamburg am stärksten in der Speicherstadt ausgelebt hat, entstand ein Gebäude mit fast schlossartiger Anmutung. Mit seinem kupfergedeckten Zwiebelturm,

EILBEK

23 BAHNHOF HASSELBROOK, 1907

den Stufengiebeln und der noch erhaltenen Uhr über dem früheren Bahnhofseingang, der über eine Rampe vom Hammer Steindamm zu betreten war, wirkt der Bau wie aus der Zeit gefallen. Leider wurde die von der Empfangshalle zu den Bahnsteigen leitende Fußgängerbrücke 1990 abgerissen; ein neuer barrierefreier Übergang ist jedoch in jüngerer Zeit angelegt worden. Im Inneren des Gebäudes befindet sich seit mehreren Jahren ein Lokal mit schönem Biergarten. Wer mag, kann von hier aus auch das südlich der Gleise anschließende Hamm erkunden, das sich seit einigen Jahren größerer Beliebtheit erfreut – so wie bald auch Eilbek?

ADRESSEN TOUR 6

BARS / KNEIPEN / NACHTLEBEN

Feuervogel
Wandsbeker Chaussee 303
www.restaurant-feuervogel.de
→ *Bar und Restaurant, täglich bis 24 Uhr*

H1 Club & Lounge
Conventstraße 8–10
www.h1club.com
→ *großer stylisher Nachtclub, Partylocation mit bekannten DJs*

Lounge 147
Wandsbeker Chaussee 147
→ *Shisha-Bar mit modernem Lichtdesign*

Mini-Bar
Rückertstraße 19
→ *urige Eck-Kneipe und Sky-Sportsbar (HSV & 1. FC Nürnberg)*

CAFÉS / RESTAURANTS

Café Brooks
Hasselbrookstraße 37
www.cafebrooks.de
→ *beliebtes kleines Frühstückscafé, bietet auch Brunch*

Café Rossio
Wandsbeker Chausee 117
www.caferossio.de
→ *kleines portugiesisches Café-Restaurant im Herzen Eilbeks*

Eiscafé Il Salottino
Eilbeker Weg 39
www.ilsalottino.de
→ *beliebtes Café, das neben Eis auch Kuchen anbietet*

Factory Hasselbrook
Hasselbrookstraße 172
www.factory-hasselbrook.com
→ *deftige Küche im alten Bahnhofsambiente, mit schönem Biergarten*

Gute Stube
Wandsbeker Chaussee 40
www.gute-stube-hh.de
→ *kleine und größere Gerichte sowie „Kaffee für'n Weg"*

Josephin's Café & Papeterie
Landwehr 33
www.josephins.de
→ *liebevoll eingerichtetes Café in einem imposanten Altbau am Rande Eilbeks*

OroGelato
Wandsbeker Chaussee 94
→ *nettes kleines Eiscafé – eine von mehreren Hamburger Filialen*

Otto's Eiscafé
Wandsbeker Chaussee 181
www.ottoseiscafe.de
→ *Eilbeker Institution seit 1956*

snoopkraam
Hirschgraben 44
www.snoopkraam.de
→ *kleines Bäckerei-Café mit leckeren hausgemachten Produkten*

LÄDEN

Bierland
Seumestraße 10
www.bierland-hamburg.de
→ *große Auswahl deutscher und anderer Biere – mit Bierschule und -verkostung*

Dream Car Modellautoladen
Wandsbeker Chaussee 95
→ *riesige Auswahl, für Fans und Sammler*

J-Store Hamburg
Wandsbeker Chaussee 33
www.j-store-hamburg.de
→ *großer Laden für Manga, Purikura, japanische Sweets, Accessoires u.v.m.*

Knallbonbon Second Hand Shop
Wandsbeker Chaussee 259
www.knallbonbon-hamburg.de
→ *seit 1976 existierender Laden für gebrauchte Dinge*

Kösters Puppenstudio
Wandsbeker Chaussee 110
→ *große Auswahl an Puppen, -zubehör und Geschenken*

Küstenfieber
Wandsbeker Chaussee 182
www.küstenfieber-design.de
→ *kleines Ladenatelier eines Hamburger Kindermode-Labels*

Nazariyan Lebensmittel
Wandsbeker Chaussee 98
→ *großer Supermarkt mit bunt gemischtem Sortiment orientalischer Lebensmittel*

Sanaaliya
Wandsbeker Chaussee 7
www.sanaaliya-lederdesign.de
→ *Lederwaren aus eigener Herstellung*

Teehaus Shila
Wandsbeker Chaussee 123
https://teehaus-shila.de
→ *kultiger Tee- und Gewürzladen mit fachkundiger Beratung*

ADRESSEN TOUR 6

HOTELS

Hotel Eilenau
Eilenau 36–37
www.eilenau.de
→ *komfortables kleines Hotel in zwei Jugendstilvillen*

Hotel ibis Hamburg Alsterring
Pappelallee 61
www.ibis.com/de/city/hotels-wandsbek-v128858.shtml
→ *am östlichen Rand Eilbeks, gleich beim S-Bahnhof Wandsbeker Chaussee*

Novum Hotel Marco Polo
Börnestraße 14
www.novum-hotels.de/hotel-marco-polo-hamburg
→ *kleines Haus in einer Seitenstraße, aber nahe U- und S-Bahn*

FREIZEIT / SPORT

Hamburger Schachclub von 1830 e.V.
Schellingstraße 41
www.hsk1830.de
→ *der zweitälteste und mitgliederstärkste (ca. 700) Schachverein Deutschlands*

Lola Rogge Schule im Kiebitzhof
Landwehr 11–13
www.lolaroggeschule.de
→ *Berufsfachschule für Tanz und Tänzerische Gymnastik im Lehrberuf sowie Laienschule für Tanz und Performance*

Turnerbund Hamburg-Eilbeck e.V.
Ritterstraße 9
www.th-eilbeck.de
→ *traditionsreicher Turnverein mit heute 21 Sport-Abteilungen*

KULTUR

Fundus Theater
Hasselbrookstraße 25
www.fundus-theater.de
→ *renommiertes Theater für Kinder zwischen drei und zwölf Jahren*

Kreativikum Eilbek
Friedrichsberger Straße 53
→ *Atelier- und Künstlergemeinschaft in der „Alten Psychiatrie"*

SOZIALES / NON-PROFIT

Arche Nova Wohnen
Hirschgraben 25
www.archenova-net.de
→ *gemeinnütziges Behindertenwohnprojekt*

Die Brücke – Beratungs- und Therapiezentrum e.V.
Conventstraße 14
www.bruecke-online.de
→ *Beratung und Therapie bei Essstörungen und Suchtproblemen*

IBH Interkulturelle Bildung Hamburg e.V.
Bildungszentrum Eilbek
Conventstraße 14
www.ibhev.de
→ *Bildungsförderung für deutsche und ausländische Jugendliche und Erwachsene*

Jugendclub Eilbek
Wandsbeker Chaussee 41
→ *neu eröffnete Freizeiteinrichtung für Jugendliche aus dem Stadtteil*

LITERATUR (AUSWAHL)

- Allgemeine Deutsche Schiffszimmerer-Genossenschaft eG (Hg.): Die Schiffszimmerer-Genossenschaft. Chronik zum 125-jährigen Bestehen, Hamburg 2000.
- Allgemeine Deutsche Schiffszimmerer-Genossenschaft eG (Hg.): Die Schiffszimmerer-Häuser in Dulsberg. Eine Dokumentation, Hamburg 1999.
- Bärenfänger, Hermann: Barmbek von A–Z. Das Stadtteillexikon, Hamburg 2001.
- Bärenfänger, Hermann / Zapf, Michael: Barmbek im Wandel, Hamburg 1995.
- Bruhns, Maike: Bauschmuck bei Fritz Schumacher. Ein Kaleidoskop der Künste, Hamburg 2013.
- Dreckmann, Hans et al.: Barmbek – Vom Dorf zur Großstadt: ein Heimatbuch, Hamburg 1965.
- Festschrift zur Einweihung der Kreuzkirche Hamburg-Alt-Barmbek, Hamburg 1962.
- Fritz-Schumacher-Gesellschaft e. V. (Hg.): Hamburger Siedlungen der 20er Jahre noch zukunftsfähig?, Hamburg 2007.
- Fritz-Schumacher-Gesellschaft e. V. (Hg.): Von der Reformidee Fritz Schumachers zur Wohnstadt der Zukunft, Hamburg 2000.
- Gesamtschule Alter Teichweg (Hg.): 75 Jahre Schule auf dem Dulsberg. 1931–2006, Hamburg 2006.
- Geschichtsgruppe Dulsberg e.V. (Hg.): Dulsberg aus der Luft 1922–1942, Hamburg 2005.
- Geschichtsgruppe Dulsberg e.V. (Hg.): Dulsberg – Hart am Rand und mittendrin, Hamburg 1992.
- Geschichtswerkstatt Barmbek (Hg.): Die Hamburger Straße: Von der Barmbeker Landstraße zur Hamburger Shoppingmeile. Dokumentation einer Ausstellung der Geschichtswerkstatt Barmbek, Hamburg 2011.
- Geschichtswerkstatt Barmbek (Hg.): Kirchen in Barmbek. Dokumentation einer Ausstellung der Geschichtswerkstatt Barmbek, Hamburg 2010.
- Geschichtswerkstatt Barmbek (Hg.): Wohnungsbau in Barmbek, Hamburg 2013.
- Geschichtswerkstatt Billstedt: Der Hamburger Aufstand, seine politischen Hintergründe und das Nachspiel. Online Publikation: www.geschichtswerkstatt-billstedt.de/pages/geschichtspfad/hamburger-aufstand.php. Stand: 7.2.2017.
- Hering, Rainer: Kirchliches Leben im Krieg. Die Gemeinde Nord-Barmbek in Hamburg 1939–1945, Hamburg 2003.
- Hinrichsen, Hermann: Vergangenes aus Eilbek und Hohenfelde, Hamburg o.J. [1981].
- Hipp, Hermann: Wohnstadt Hamburg. Mietshäuser zwischen Inflation und Weltwirtschaftskrise, Berlin 2009.
- Hoffmann, Lutz (u.a.): 100 Jahre Krankenhaus Barmbek, Hamburg 2013.
- Kassai, Willi: Eilbek, [Hamburg] 1968.
- Kastendieck, Hanna: Kampf um ein Stück altes Barmbek. Ein Mietshaus von 1867 soll einem

LITERATUR (AUSWAHL)

Neubau weichen. Denkmalschützer und Bewohner wollen das verhindern, in: Hamburger Abendblatt, 5. Oktober 2011, S. 7.
- Knuth, Ariane: Barmbeks Entwicklung vom Dorf zum Großstadtteil. Vom Anfang des 19. Jahrhunderts zum Zweiten Weltkrieg, Hamburg 1999.
- Kossak, Antje (Hg.): 75 Jahre Wohnungsbau – 75 Jahre Frank 1925–2000, Hamburg 2000.
- Lachmund, Fritz: Das alte Barmbek. Vergangenes zwischen Mundsburg und Neuem Schützenhof, Hamburg 1976.
- Lange, Ralf: Architektur in Hamburg. Der große Architekturführer, Hamburg 2008.
- Leuschen, Michaela: Historisches Haus in Gefahr. Abriss trotz laufendem Denkmalschutzverfahren?, in: Hamburger WochenBlatt Nr. 41, 12. Oktober 2011, S. 1 und 3.
- Lubitz, Jan: Phantomschmerzen – Turmhäuser Barmbek, in: Hamburgische Architektenkammer: Architektur in Hamburg Jahrbuch 2011, S. 56–59, Hamburg 2011.
- Meier, Karl-Heinz: Hamburg-Eilbek, Erfurt 2003 [Reihe Archivbilder].
- Meier, Karl-Heinz: Hamburg-Eilbek, Erfurt 2005 [Reihe Zeitsprünge].
- Meier, Karl-Heinz: Die „Primus"-Katastrophe. Dokumentation einer Tragödie, Erfurt 2007.
- Meyer, Peter u.a. (Hg.): Schule Von-Essen-Straße 82. Eine Festschrift zum 75-jährigen Bestehen, Hamburg 1986.
- Nobbe, Willy: 100 Jahre: Von der Staatskrankenanstalt Friedrichsberg zum Allgemeinen Krankenhaus Eilbek, 1864–1964, Hamburg [1964].
- Otto, Reinhard: 150 Jahre Friedrichsberg: Von der Irrenanstalt zur Klinik im Wohnpark, Hamburg 2015.
- Pommerening, Michael / Meier, Karl-Heinz: Eilbek in Wort und Bild, Hamburg 2008.
- Primus-Katastrophe, 22.7.1902: Material zur Ausstellung in der Friedenskirche Hamburg-Eilbek, August 2002, bearbeitet von Karl-Heinz Meier, Hamburg 2002.
- Radach, Günther: Barmbek Basch. Band 1. Eine Erinnerung an vergangene Zeiten, Hamburg 1996.
- Radach, Günther: Barmbek Basch. Band 2. Erinnerungen an das alte Barmbek, Hamburg 1997.
- Rückner, Silke: Die Fuhlsbüttler Straße in Hamburg, Erfurt 2012.
- Rückner, Silke: Hamburg-Barmbek-Nord, Erfurt 2011.
- Schädel, Dieter (Hrsg.): Hamburger Staatsbauten von Fritz Schumacher. Band 3 (1920–1933), Hamburg 2006.
- Schmal, Helga / Selke, Tobias: Bunker. Luftschutz und Luftschutzbau in Hamburg, Hamburg 2001.
- Schubert, Uwe: Barmbek, Uhlenhorst im Wandel in alten und neuen Bildern, Hamburg 1990.
- Schubert, Dirk: Wohnsiedlungen, Wohnbauten und Wohnreformen, Hamburg 2001.

LITERATUR (AUSWAHL)

- Schubert, Uwe: Wandsbek, Marienthal, Eilbek im Wandel in alten und neuen Bildern, Hamburg 1990.
- Severin, Günther: Jahre einer Gemeinde: Eilbek, 1872–1943, Hamburg 1985.
- Smiatacz, Carmen: Stolpersteine in Hamburg-Barmbek und Hamburg-Uhlenhorst, Hamburg 2010.
- Thiele, Dieter / Saloch, Reinhard: Vom Wiesengrund zum Industriegürtel. Kanalfahrten durch Geschichte und Gegenwart, Hamburg 2002.
- Thiele, Dieter / Saloch, Reinhard: Auf den Spuren der Bertinis, Hamburg 2003.
- Wille, Ingo: Stolpersteine in Hamburg-Eilbek. Biographische Spurensuche, Hamburg 2012.
- Zank, Wolfgang: Aufstand an der Waterkant, in: Die Zeit, 22. Oktober 1993, online unter: www.zeit.de/1993/43/aufstand-an-der-waterkant. Stand: 7.2.2017.

BILDNACHWEIS

Einleitung Staatsarchiv Hamburg: S. 5: www.hamburg-bildarchiv.de: S. 6
Exkurs Bombenkrieg in Hamburg Stadtteilarchiv Hamm: S. 92
Leute aus Barmbek, Eilbek und Dulsberg *Andreas Brehme*: Dappes aus der deutschsprachigen Wikipedia (Wikipedia CC-BY-SA-3.0); *Hans Fallada*: Wikipedia Public Domain; *Karen Horney*: Courtesy of Renate Horney Patterson (Wikipedia CC BY-SA 3.0); *Bert Kaempfert*: Decca Records – Billboard, page 11, 7 October 1967 (Wikipedia Public Domain); *Lotto King Karl*: Frank Schwichtenberg (Wikipedia CC BY-SA 3.0); *Angela Merkel*: World Economic Forum – Flickr: Angela Merkel – World Economic Forum Annual Meeting 2011; *Helmut Schmidt*: Bundeswehr-Fotos Wir.Dienen.Deutschland. © Bundeswehr/Archiv – Verteidigungsminister Helmut Schmidt (Wikipedia CC BY-SA 2.0); *Ernst Thälmann*: Bundesarchiv, Bild 102-12940 (Wikipedia CC BY-SA 3.0 de); *Özgür Yıldırım*: 9EkieraM1 – Eigenes Werk (Wikipedia CC BY-SA 3.0)

Tour 1 Barmbek-Nord (Der Norden) Denkmalschutzamt Hamburg Bildarchiv: 14; Junius Verlag: 1, 5–7; Anna Prochotta: 8, 9, 11–13, 15, 17; Staatsarchiv Hamburg: 3, 4, 10; www.hamburg-bildarchiv.de: 2, 16, 18

Tour 2 Barmbek-Nord (Der Süden) aus: Das alte Barmbek. Vergangenes zwischen Mundsburg und neuem Schützenhof von Fritz Lachmund, Hamburg 1988: 4; Archiv Hamburger Hochbahn: 1; Junius Verlag: 5, 10, 11, 13, 14, 17–25; Anna Prochotta: 12, 16; Staatsarchiv Hamburg: 3, 8, 9, 15; Jörn Tietgen: 6, 7; www.hamburg-bildarchiv.de: 2

Tour 3 Dulsberg Junius Verlag: 1, 3, 9; Anna Prochotta: 5–7, 15, 16; Staatsarchiv Hamburg: 13, 14; www.hamburg-bildarchiv.de: 2, 4, 8, 11, 12

Tour 4 Barmbek-Süd (Der Westen) Denkmalschutzamt Hamburg Bildarchiv: 14; Gaswerkarchiv: 7; Junius Verlag: 2, 8, 15; Staatsarchiv Hamburg: 5, 6, 12; www.hamburg-bildarchiv.de: 1, 3, 4, 9–11, 13

Tour 5 Barmbek-Süd (Der Osten) Archiv Hermann Hinrichsen: 16; Junius Verlag: 11; Anna Prochotta: 1–3, 5, 6, 8, 9, 13 Staatsarchiv Hamburg: 7, 12, 15; Jörn Tietgen: 14; www.hamburg-bildarchiv.de: 4, 10, 17, 18

Tour 6 Eilbek Frank Sommerkamp: 2, 5, 10, 13; Staatsarchiv Hamburg: 3, 4, 21; Stadtteilarchiv Hamm: 8, 19, 22; Wikipedia: 6; www.hamburg-bildarchiv.de: 1, 7, 9, 11, 12, 14–18, 20, 23

In Einzelfällen konnten die Inhaber der Bildrechte nicht ermittelt werden. Die Rechteinhaber bitten wir, sich an den Verlag zu wenden. Ihre Rechte werden hiermit ausdrücklich anerkannt.

ÜBER DIE AUTOREN

ANNA PROCHOTTA (*1980 in Pforzheim) studierte Geschichte und Literatur in München und Hamburg. Schon als Schülerin verbrachte sie ihre Ferien am liebsten in der Hansestadt. Trotz ihrer badischen Herkunft ist sie Kennerin der Hamburger Geschichte. Seit 2011 ist die Historikerin für Stattreisen Hamburg e. V. als Stadtführerin unterwegs. Für diesen Band schrieb sie die beiden Touren durch Barmbek-Nord, Barmbek-Süd (Der Osten) und den Dulsberg-Spaziergang.

FRANK SOMMERKAMP (*1968) wurde tief im Westen – nämlich mitten im Ruhrgebiet – geboren und lebt schon lange und leidenschaftlich gern in Hamburg, ganz in der Nähe des Alsterlaufs. Seiner Liebe zum geschriebenen Wort huldigte er zunächst mit einer Buchhändlerausbildung sowie einem Studium der Neueren Deutschen Literaturwissenschaft und der Philosophie, später als freiberuflicher Lektor. Wanderlust und stadtgeschichtliches Interesse dagegen verbindet er seit mehreren Jahren in seiner Tätigkeit als Guide für Stattreisen Hamburg e. V. Für diesen Band schrieb er die Eilbek-Tour.

ELGIN ERKAL (*1980) ist ein waschechter Hamburger Jung und kennt Barmbek und Eilbek seit seinen ersten Laufversuchen. Seinen Geist schulte er in dem Studium der Islam- und Religionswissenschaft in Hamburg. Auch wenn er gerne in die weite Welt schweift, kehrt er immer wieder in seinen Heimathafen zurück. Seit 2011 teilt er leidenschaftlich sein Wissen über die schönste Stadt Deutschlands in zahlreichen Rundgängen bei Stattreisen Hamburg e. V. Für diesen Band schrieb er die Tour durch Barmbek-Süd (Der Westen).